# THE CROWN
## 1947–1964

Die ersten beiden Staffeln zeigen das Leben von Königin Elizabeth vor allem in den 1940er- und 50er-Jahren. Zum Zeitpunkt der Hochzeit mit Prinz Philip ist die Monarchin 21 Jahre alt

Die erste Staffel beginnt mit der Hochzeit von Elizabeth und Philip im Jahr 1947. Keine sechs Jahre später wird aus Prinzessin Elizabeth mit nur 26 Jahren Königin Elizabeth, und ihr freies Leben als Jungverheiratete erfährt ein jähes Ende. Ein notorisch unterforderter Ehemann, Prime Minister, die sie nicht wirklich ernst nehmen, und die Nachwehen des Zweiten Weltkriegs bestimmen fortan ihren Alltag. Das Imperialreich Großbritanniens zerbröckelt, in den Kolonien nehmen die Unabhängigkeitsbestrebungen Fahrt auf. Und im Buckingham Palace dominiert zum Ende der ersten Staffel eine lebensfrohe Schwester, die sich einer Affäre mit einem verheirateten Mann hingibt. Die Lösung im Staffelfinale: Elizabeth II. schickt Philip nach Australien und verbietet ihrer Schwester Margaret die Ehe mit dem Luftwaffen-Kapitän Townsend. Die zweite Staffel von „The Crown" behandelt die Jahre 1957 bis 1964. Das Leben im Königshaus wird nun deutlich menschlicher, boulevardesker und auch skandalöser. Party-Prinzessin Margaret (Vanessa Kirby) feiert viel im „Swinging London" und das nicht nur in adliger Gesellschaft, in Ägypten eskaliert die Suez-Krise, und Philip nötigt seiner königlichen Gemahlin den Prinzen-Titel ab. Öffentliche Affären ihrer Schwester, heimliche ihres Gatten, der Rücktritt des Premierministers Harold Macmillan nach dem politischen Skandal der Profumo-Affäre, die Ermordung des US-Präsidenten John F. Kennedy, die Nazi-Vergangenheit des abgedankten Königs Edward VIII. sowie die Geburten von Prinz Andrew im Jahr 1960 und Prinz Edward 1964 halten die immer royal-zurückhaltende Elizabeth II. ordentlich auf Trab …

„Wir alle müssen uns fragen, wann wir die Dinge, die in unserer Macht stehen, ausüben und wann nicht." – Königin Elizabeth II.

„Mit Selbstmitleid kommt man nicht sehr weit, man muss einfach weitermachen." – Prinzessin Margaret

„Wer wir sind, ist nicht, was wir tragen oder was glitzert. Es ist der Geist, der uns definiert." – Prinz Philip

Ab der dritten Staffel zeigt die Serie, wie die britische Königsfamilie mit dem immer schnelleren Wandel in Großbritannien zurechtkommen muss. Vom Kalten Krieg über das Jetset-Leben bis hin zum Raumfahrtzeitalter – es sind liberale, aber auch sehr turbulente Zeiten für Elizabeth.

# THE CROWN
## 1964–1990

In Staffel 3 und Staffel 4 werden die 1970er- und 80er-Jahre beleuchtet. Da die Hauptcharaktere zu diesem Zeitpunkt um die 50 Jahre alt sind, mussten neue Darsteller her ...

„Es heißt, dass die Royals ‚The Crown' bisher sehr gemocht haben, aber das könnte sich mit dieser Staffel ändern", schreibt die englische Journalistin Sarah Gristwood zum Auftakt von Staffel vier. Während der Großteil der Besetzung aus Staffel drei erhalten bleibt, kommen mit Lady Diana Spencer (Emma Corrin) und Premierministerin Margaret Thatcher (Gillian Anderson) zwei bemerkenswerte historische Figuren hinzu. Die vierte Staffel setzt in den späten 1970er-Jahren ein. Die konservative Politikerin Margaret Thatcher zieht in die Downing Street, sie ist die erste weibliche von acht Premierministern, die während der Regentschaft von Elizabeth II. ihr Amt antritt. Ein roter Faden, der sich durch die Serie zieht, ist die Beziehung der Queen zu Frau Thatcher. Das Verhältnis ist bekanntlich angespannt, obwohl Thatcher der Monarchin gegenüber immer respektvoll ist; sie behandelt die Königin sogar mit solch übertriebener Ehrerbietung, dass ihre niedrigen Knickse zu einem Palastwitz werden. Während sich das Rampenlicht immer mehr auf die neue Generation verschiebt, wird der Druck auf Prinz Charles als Thronfolger größer. Von allen Seiten „ermutigt", soll er eine geeignete Braut finden. Charles trifft Diana zum ersten Mal 1977 in Althorp, dem Anwesen der Spencers, wo er Dianas ältere Schwester, Lady Sarah, besucht. Anfangs findet Charles die 16-Jährige „lustig". Und erst im Sommer 1980 bei einer Hausparty kann sich Prinz Charles Diana Spencer zum ersten Mal als potenzielle Freundin vorstellen, als sie viel Mitgefühl zum Tod von Lord Mountbatten, Charles' sehr geliebtem Großonkel und Mentor, zeigt. Der Rest ist Geschichte ...

„Wir können nicht zulassen, dass die Werte der Vergangenheit uns von den Realitäten der Gegenwart ablenken." – Margaret Thatcher

„Immer wenn einer von uns das Gefühl hat, nicht das zu bekommen, was er braucht, müssen wir dem anderen genau das geben." – Prinzessin Diana

„Manchmal weiß man nicht, was man für etwas empfindet, bis es einem fast weggenommen wird." – Prinzessin Diana

# Kein Herz und eine Krone

Der Autor und Erfinder von „The Crown"
bekommt seine Informationen aus
Geschichtsbüchern und durch die
Recherchen seines Teams. Mitglieder
der königlichen Familie flüstern ihm
nichts, und das ist ihm auch recht so.
Denn Peter Morgan ist ein Fan
der kreativen Distanz

Interview: Elizabeth Sereda

*Das Gewinner-Team von links nach rechts: Stephen Daldry (Regisseur und Executive Producer), Andy Harries (Executive Producer), John Lithgow (Winston Churchill), Claire Foy (junge Queen Elizabeth), Peter Morgan (Drehbuchautor und Producer), Suzanne Mackie (Executive Producer), Robert Fox (Executive Producer).*

*12 Preise hat die Serie schon bekommen, knapp 40-mal waren Darsteller, Regie oder das Drehbuch – von Emmy bis Golden Globe – schon nominiert.*

Der Sohn einer polnischen Katholikin und eines deutschen Juden wird 1963 in Wimbledon bei London geboren. Seine Mutter Inga Bojcek ist vor den Sowjets, sein Vater Arthur Morgenthau vor den Nazis nach Großbritannien geflohen. Der spätere Autor geht in London zur Schule und absolviert seinen Universitätsabschluss in Kunstgeschichte an der University of Leeds. Anfang der 2000er-Jahre macht sich Morgan einen Namen als Drehbuchautor von politischen Spiel- und TV-Filmen wie „The Deal", „The Special Relationship", „The Last King of Scotland" – und „The Queen", für den er 2007 einen Golden Globe Award und Nominierungen für den Oscar und den Europäischen Filmpreis erhält. Gleichzeitig schreibt er für die Theaterbühne. Sein Watergate-Stück „Frost/Nixon" wird von Ron Howard als Vorlage für einen Film adaptiert. All diese Drehbücher haben einen britischen Bezug, und es ist Queen Elizabeth II, die es ihm am meisten angetan hat. Ihre Beziehung zu all ihren Premierministern wird zum Thema des Broadway- und Westend-Hits „The Audience".

Seit 2016 ist der Vater von fünf Kindern nicht nur Autor, sondern auch Produzent von „The Crown", für die ab Sommer 2021 die fünfte Staffel gedreht wird. Hier spricht Morgan über die Entstehungsgeschichte der Serie, ihre Zukunft und seine privaten Gedanken zur Monarchie und den Royals:

*Am 4. November 2016 startet Netflix mit der ersten Staffel von „The Crown". Die Serie ist die bislang teuerste des Streaming-Dienstes.*

**Es gibt sehr viele Filme und TV-Serien über Queen Elizabeth. Was brachte Sie auf die Idee für „The Crown"?**

Gibt es wirklich so viele? Sie ist eine wunderbare Figur. „The Queen" mit Helen Mirren covert nur fünf Tage in ihrem Leben, und sie ist seit über 60 Jahren auf dem Thron. In „The Audience", das ich auch für Helen Mirren schrieb, gibt es eine ganz bestimmte Szene zwischen ihr und Winston Churchill, wo ich beim Schreiben auf einmal dachte: Hier ist dieses 25-jährige, junge Mädchen und dieser alte Mann. Es fühlte sich an wie „Educating Rita", wie „My Fair Lady". Und ich dachte, was für eine faszinierende Beziehung, wo er praktisch ihr Großvater war und sie ganz neu auf dem Thron. Ihr erster Premierminister, mit dem sie in wöchentlichen Audienzen sitzen musste, war Winston Churchill. Das ist unvorstellbar. Es erinnert mich an Kleopatra. Es ist ganz tiefe Historie, ich empfinde es nicht mal als Gegenwartsgeschichte, obwohl sie noch lebt und obwohl sie die gesamte zweite Hälfte des 20. Jahrhunderts überspannt. Und deshalb wollte ich eine Serie schreiben, die mit ihr als junger Frau beginnt und diese Jahrzehnte beschreibt. Sie auch als junges Mädchen sehen, denn in unserer Vorstellung ist sie immer nur eine Frau über 60. Ich wollte sie als junge Braut am Vorabend ihrer Hochzeit, als Verliebte zeigen. Denn wir wissen wenig bis gar nichts über ihre

She exits the box.

6    INT. ROYAL OPERA HOUSE, ROYAL BOX/STAGE - NIGHT (A SHORT TIME 6
     LATER)

The TENOR takes his bow for the performance. CHARLES is on
his feet, applauding.

The TENOR leaves the stage and the auditorium falls silent
again as CHARLES sits.

Coughing. The creaking of seats. Anticipation for the next
performance, and then..

..the opening bars of 'Uptown Girl' by Billy Joel begin.
There are a few quizzical looks as WAYNE SLEEP takes to the
stage.

He starts to dance, leaping and pirouetting in time to the
incongruous pop music. CHARLES stares, not sure what to make
of it all..when suddenly...

DIANA appears on stage. Seemingly as part of the performance.

CHARLES looks up. Double takes.

The audible sound of two thousand two hundred and fifty
people gasping in unison.

OVER THIS: the sound of Billy Joel's voice.

                    BILLY JOEL (V.O.)
          Uptown girl, she's been living in her
          uptown world, I bet she's never had a
          backstreet guy, I bet her mama never
          told her why...

DIANA starts hesitatingly. It's sweet, but at the same time
unmistakably childish, clumsy and nervous. DIANA grins.
Occasionally bursting into giggles.

The whole thing has the air of a high school talent show. The
AUDIENCE are not sure where to look. CHARLES stares.

SLEEP takes control, picks her up, spins her around. He leads
DIANA around the stage, the white dress she's changed into
accentuating her frame as she twirls around.

It's suggestive. Seductive. The AUDIENCE starts to relax.

                                                      3

                    BILLY JOEL (V.O.)
          She'll see I'm not so tough
          Just because
          I'm in love with an uptown girl
          You know I've seen her in her uptown
          world
          She's getting tired of her high class
          toys
          And all her presents from her uptown
          boys
          She's got a choice

DIANA's gaining confidence now. She performs high kicks, jazz
spins. The performance goes from strength to strength...

By the end it's hard to tell who the professional dancer is
and who the ingenue is.

As the dance finishes, the AUDIENCE goes completely wild.
DIANA is met with a standing ovation. It's a triumph.

DIANA gestures to CHARLES, curtseys in sexy deference..

                    DIANA
          Happy birthday!

The AUDIENCE goes wild. CHARLES claps and smiles. Charmed.
Seemingly it is all about him, after all.

But the AUDIENCE soon forgets him and his birthday, and
focuses on DIANA, cheering and cheering.

                    AUDIENCE
          Encore! Encore! Encore!

And DIANA, who has since childhood wanted to be a performer,
is clearly loving it. Blushing. Curtseying. 'Thank you, thank
you'. CHARLES is forgotten. His birthday forgotten.

This is all about DIANA. And Charles's smile fades.

7    INT. ROYAL CAR - NIGHT                                 7

CHARLES and DIANA sit in the back of a car on their way home.
The occasional blue lights of the police escort glinting in
the car windows. Shadows and lights play on their faces..

                    CHARLES
          What were you thinking?

                    DIANA
          I was only trying to make you happy.

                    CHARLES
          That grotesque, mortifying display had
          nothing to do with me or my happiness.
                    (MORE)

                                                      4

*Einen mehr als 30 Stunden langen Monumentalfilm über das britische Königshaus geben die Drehbücher der vier Staffeln mittlerweile her.*

Ehe mit Prinz Philip. Wir wissen nichts über sein Vorleben, woher er kommt, seine Abstammung, seine Lebensumstände.

**Wussten Sie immer schon, dass es eine Serie wird?**
Nein, ich dachte zuerst nur an einen Film. Dann an drei Staffeln mit drei verschiedenen Besetzungen. Daraus wurden nun sechs. Denn je mehr ich recherchierte, desto größer wurde es. Und je mehr ich herausfand, desto mehr war da noch. Es war wie ein Schneeballeffekt. Ich hätte allein die erste Staffel auf zwei Staffeln aufteilen können, es gab so vieles, und alles war spannend. Allein die Auswirkungen der plötzlichen Thronbesteigung für eine so junge Person und was das für ihre Ehe, ihren Mann, ihre Mutter, ihre Beziehung zu ihrer Schwester bedeutet.

**Wie sehr spielte die politische Ära der Nachkriegszeit hier mit hinein?**
Sehr. Die Epoche des Nachkriegs-England in Verbindung mit dieser sehr dysfunktionalen Familie und der Druck, der dadurch auf der jungen Königin lag, ist hier sicher nicht zu unterschätzen.

**Wie viel ist Wahrheit und wie viel ist Erfindung?**
Wir recherchieren extrem gut und genau. Die Begebenheiten entsprechen der Wahrheit, der geschichtliche Kontext natürlich auch. Bei den Dialogen erfinden wir, weil wir ja nicht mit dabei waren. Aber der Kern – etwa der ersten Staffel – ist diese außergewöhnliche Familie und ihre Rolle im und bezogen auf das Großbritannien der Nachkriegszeit. Dieser Aspekt, um auf Ihre erste Frage zurückzukommen, wurde so noch nie gezeigt.

**Versuchten Sie je, die königliche Familie zur Mitarbeit zu überreden?**
Nein, eine Mitarbeit würde ich gar nicht wollen. Ich möchte frei sagen, denken und schreiben können. Und in der Sekunde, wo man jemanden um Hilfe oder Zustimmung bittet, steht man in seiner Schuld. Es ist eine Frage der Würde, dass wir ihnen ihre Unabhängigkeit zugestehen und dafür unsere Unabhängigkeit schützen. Die königliche Familie und ich existieren in einem gemeinsamen Bereich der gegenseitigen Verleugnung.

**Sie schreiben Geschichte, und Sie schreiben Fiktion, aber am Ende geht es ja doch um zum Großteil noch lebende Personen. Welche Verantwortung empfinden Sie ihnen gegenüber?**
Eine große, und ich nehme diese Verantwortung auch sehr ernst. Die meisten amerikanischen Fernsehserien haben, was wir einen „writers' room" nennen, eine Gruppe von Autoren, von denen jeder einen bestimmten Handlungsstrang oder eine bestimmte Figur verfolgt. Wir haben stattdessen einen „research room", also eine Gruppe von Rechercheuren. Bei uns sind das mindestens sieben oder acht, die damit voll beschäftigt sind und die ich auch immer wieder pushe, dass sie mehr Bücher besorgen, mehr Material lesen. Denn die Wahrheit steckt in den kleinsten Nebensätzen, den scheinbar unwichtigen Details, die zu sehr viel mehr führen, wenn man sie verfolgt. In der vierten Folge der ersten Staffel geht es um den großen Nebel, der sich in London ereignete. Das ist eine historische Tatsache und hat mit dem Kohleabbau zu tun. Was zwischen den handelnden Personen hinter verschlossenen Türen genau gesagt wurde, kann ich nicht wissen, aber dass

diese handelnden Personen in jenen Tagen hinter verschlossenen Türen diskutierten, ist Fakt. Die Dialoge musste ich basierend auf den Fakten erfinden. Das heißt, wir sind vielleicht nicht zu einhundert Prozent präzise, aber wir sind wahrheitsgetreu. Ich weiß, dass die meisten Leute keine Geschichtsbücher lesen, aber sehr wohl fernschauen und sich daher ihre Meinung über diese Ära aufgrund dessen bilden. Ich versuche daher, fair zu bleiben.

**Nehmen wir ein Beispiel: Als die junge Prinzessin Elizabeth vom Tod ihres Vaters König George erfährt, ist sie in Afrika. Sie steht auf dieser Wiese vor der Presse, und die Fotografen senken ihre Kameras, anstatt ihre Trauer zu dokumentieren. Ist das wirklich passiert?**
Ja. Diese Fotografen hätten Sensationsfotos haben können, aber sie senkten aus Respekt ihre Kameras, als wären es Waffen. So etwas ist heute unvorstellbar. Wenn wir die Geschichte nach vorn spulen und an das denken, was Diana mitmachte, dann gewinnt diese Begebenheit noch viel mehr an Bedeutung. Die ersten Fotos, die von Elizabeth nach dem Tod ihres Vaters existieren, wurden bei ihrer Ankunft in London gemacht.

**Was hat Sie bei den Recherchen am meisten überrascht?**
Da war erst mal Prinz Philip. Wir fanden heraus, dass er schon sehr früh einen modernisierenden und progressiven Einfluss auf die Queen ausübte. Das ist aus heutiger Sicht unglaublich, nicht? Wir halten ihn für diesen grantigen, alten Kerl. Älter als Methusalem, verknöchert und starr. Und in Wirklichkeit war er dieser junge, dynamische Marineoffizier, der in den Palast kam und sich mühsam gegen die altmodischen Elemente innerhalb des Systems auflehnte. Und dabei für sie eine große Unterstützung war. Wir haben Matt Smith in der Rolle besetzt, weil er etwas sehr Modernes an sich hat.

Die zweite Figur, die mich überraschte und die ich sogar umschrieb, war Prinzessin Margaret. Folge 6 und 10 der ersten und einige Folgen der zweiten Staffel beschäftigen sich mit ihrer Romanze mit Peter Townsend. Ich hatte Folge 10 schon fertig, als ich Jonathan Aitken zu etwas ganz anderem interviewte. Auf einmal meinte er: „Oh, es gibt etwas über Margaret, das ich dir erzählen sollte." Jonathan war einmal im Urlaub mit ihr. Sie war schon mit Tony Armstrong-Jones – Lord Snowdon – verheiratet, und die beiden stritten sehr viel. Nach so einem Streit schwamm Prinzessin Margaret ins Meer hinaus, zu einem Felsen. Jonathan folgte ihr, weil er sich Sorgen um sie machte. Sie saßen auf diesem einsamen Felsen, und sie war sehr offen, als er sagte: „Es tut mir leid, dass die Dinge zwischen euch so schwierig sind. Warum habt ihr geheiratet?" Denn die beiden passten einfach nicht zueinander. Sie sagte, als Peter Townsend und ich nicht heiraten durften, machten wir einen Pakt, dass keiner von uns jemals wen anderen heiraten würde. Ein paar Jahre später rief Peter sie an und gestand ihr, dass er einer anderen Frau einen Heiratsantrag gemacht hatte. Sie bat ihn um zwei Wochen, bevor er das publik machte. In diesen zwei Wochen brachte sie Antony Armstrong-Jones dazu, sie zu heiraten. Nur um nicht von Townsend gedemütigt zu werden. Der Preis dafür war eine unglückliche Ehe. Und um die geht es in der zweiten Staffel. Ich schrieb die Finalfolge der ersten Staffel um, nachdem ich dieses Detail gehört hatte. Ich hatte zuvor gedacht, dass es sich bei ihrer Ehe um ein zynisches Arrangement gehandelt hatte. Erst durch diese Geschichte wurde mir klar, wie tief sie getroffen war. Und von da an wurde sie zu einer tragischen Figur.

**Es war Queen Elizabeth, die ihrer Schwester verbot, Peter Townsend zu heiraten, weil er geschieden war. Das hat Margaret das**

Herz gebrochen. Was sagt das über Elizabeth aus?
Eine schwierige Frage. Sie ist der Boss der Familie, eine Art „Pate". Es war gegen das Gesetz für ein Mitglied der königlichen Familie einen geschiedenen Partner zu ehelichen. Die Erinnerung an Edward, der dafür abdanken musste, war noch zu frisch. Und die Queen musste manchmal Entscheidungen treffen, die die gesamte Familie als Institution schützen, nicht die individuellen Mitglieder. Und das D-Wort (für „divorce", Scheidung) ist immer noch ein Damoklesschwert, das über der Familie schwebt. Bis hin zu Charles und Diana. Und allen anderen wie Prinzessin Anne, Prinz Andrew und weiteren, nicht so bekannten Familienmitgliedern.

**Ist es demnach unfair, wenn man der Queen Gefühlskälte nachsagt?**
Ja, weil wir nicht dabei sind und nicht wissen können, wie sie sich im privaten Bereich verhält. In der Öffentlichkeit wird sie von allen als Queen und Ihre Majestät oder Ma'am angesprochen, auch von ihren Kindern und ihrem Mann. Die sagen nicht Mummy oder Elizabeth oder Lizzie. Als ich einmal Prinz Andrew traf, bezeichnete er seinen älteren Bruder als den Prince of Wales, nicht als Charles. In der Öffentlichkeit verwendet die königliche Familie auch untereinander ihre Titel. Daher zeigt die Queen auch öffentlich nicht ihre Gefühle, sie ist in ihrer Rolle. Sie ist dann nicht Mutter, sondern Königin.

**Wurde Ihnen je Sensationslust vorgeworfen, wenn es um gewisse Personen und Handlungsstränge geht?**
Nein, denn wenn ich schreibe, mache ich das Gegenteil von Aufbauschen. Ich spiele keine Skandale hoch, nur um die Einschaltquoten in die Höhe zu treiben. Zu schockieren des Schockierens wegen ist billig. Besonders was die fünfte und sechste Staffel betrifft, wo es um Diana geht. Wenn ich bei ihren Affären nun zu sehr ins Detail gehe, dann wird es dreckig. Ich werde die Wahrheit nicht umgehen, aber ich

**„Der Witz ist, dass ich nie besonders an den Royals interessiert war"**

muss nicht sensationsgeil werden. Ich kann eine gewisse Würde erhalten, denn ich glaube fest, dass schmutzige Szenen auch beim Zuschauer ein ekliges Gefühl hinterlassen, und dann lehnt das Publikum es auch ab.

**Was halten Sie von der königlichen Familie, der Institution der Monarchie? Hegen Sie eine gewisse Sympathie?**
Ich habe für jeden, der sich in dieser Position, in die er ja hineingeboren wurde, wiederfindet, große Sympathie. Ich betrachte es nicht als Privileg. Ich bin froh, dass ich nicht so geboren wurde, dass ich diese Aufgaben nicht übernehmen muss. Was mich interessiert, ist, wie jemand mit dieser Position umgeht. Was ich politisch davon halte? Das ändert sich ständig. Ich schwanke zwischen „Das Ganze ist obszön, unnötig und macht keinen Sinn" und dem Gedanken, dass es mit dem Durcheinander und den Schweinereien, die Politiker aus ihren Jobs machen, vielleicht ganz gut ist, dass es Menschen in der Öffentlichkeit gibt, die nicht gewählte Politiker sind. Aber ich habe keine feste Überzeugung dazu, meine Meinung ist fluid.

**Wann begann Ihr Interesse für die Royal Family?**
Der Witz ist, dass ich nie besonders an den Royals interessiert war. Ich hätte nie über die Queen geschrieben, wenn ich nicht auch über ihre Premierminister hätte schreiben können. In dieser Beziehung liegt die Faszination für mich. Es ist und bleibt eine Geschichte dieser beiden Häuser, Downing Street und Buckingham Palace, und wie sie zusammen Großbritannien regieren. Aber die Tür in Downing Street rotiert, die Queen hatte bisher

                    THATCHER (ON TV)
                 (voice breaking slightly)
            Ladies and gentlemen. We are leaving
            Downing Street for the last time after
            eleven and a half wonderful years...

ON TV: Thatcher's PROTECTION OFFICER helps her into her car
with DENIS. A close-up on Thatcher's face as her eyes fill
with tears.

ELIZABETH watches. Lost in thought. Then goes to a
telephone..

                    ELIZABETH
            Martin. Could you ask the Prime Min..
                 (corrects herself)
            Could you ask Mrs Thatcher to come and
            see me?

62    EXT. BUCKINGHAM PALACE, QUADRANGLE - DAY (ONE WEEK LATER)    62

      THATCHER, in the back of a black taxi pulls in to Buckingham
      Palace.

63    INT. BUCKINGHAM PALACE, STATE ROOM - DAY    63

      EQUERRY enters, followed by THATCHER and CHARTERIS.

      The two women are seated. A silence. ELIZABETH thinks. Wants
      to mark the moment. For it to be special. Intimate. Not sure
      how to do this.

                    ELIZABETH
            When I ascended the throne...I was
            just a girl. Twenty-five years old.
            And I was surrounded by stuffy, rather
            patronising, grey-haired men
            everywhere telling me what to do. And
            I wanted to say, the way you dealt
            with all YOUR stuffy, rather
            patronising, grey-haired men
            throughout your time in office, and
            saw them all off..

                    THATCHER
            Well, they've had their revenge now.

      THATCHER drifts off into a frightening darkness.

                    ELIZABETH
            I was shocked by the way in which you
            were forced to leave office - and
            wanted to offer my sympathy...not just
            as Queen to Prime Minister,
            but...woman to woman.
                 (MORE)

25

                    ELIZABETH (cont'd)
            Throughout the time we worked together
            people tended to focus on our many
            differences. Which was lazy, and
            misleading I think. And overlooked the
            many things we actually have in
            common. Our generation. Our
            Christianity. Our work ethic. Our
            sense of duty. But above all our
            devotion to this country we both love.
            So, with that in mind...

      ELIZABETH reaches into a drawer. Pulls out a small box.

                    ELIZABETH
            The Order of Merit is not awarded by
            some faceless committee - it comes at
            the personal discretion of the
            Sovereign and is in recognition of
            exceptionally meritorious service. It
            is limited to just twenty-four
            recipients - no matter their
            background. You could be the daughter
            of a duke, or a greengrocer. What
            matters is your accomplishments. And
            nobody can deny that this is a very
            different country now to the one
            inherited by our first woman Prime
            Minister. Now, it's normally handed
            over in the box but if you would allow
            me.

      ELIZABETH pins the Order on THATCHER.

                    ELIZABETH
            Congratulations.

      THATCHER, eyes filling, bows, deeply...

      Then turns and goes. ELIZABETH watches.

64    EXT./INT. KENSINGTON PALACE, WALES'S APARTMENT, DRAWING ROOM    64
      DAY

      DIANA stares out of the window watching CHARLES arrive.
      Hopeful.

65    INT. KENSINGTON PALACE, WALES'S APARTMENT, DRAWING ROOM -    65
      DAY

      DIANA makes herself ready. CHARLES enters.

                    DIANA
            It's kind of you to come.

                    CHARLES
            Why would you say that?

26

14 Premierminister, daher ist der Fokus mehr auf ihr und der Familie, aber ich verspreche Ihnen, ich bin nicht von ihr besessen. Mich interessiert die Dynamik von Familien, und ich glaube, das ist auch ein Grund, warum „The Crown" erfolgreich ist: In gewisser Weise können wir uns alle mit dieser Familie identifizieren. Da gibt es schwierige Vater-Sohn-Beziehungen, Rivalitäten zwischen Schwestern, rebellische Kinder. Und auf der anderen Seite sind sie komplett anders als wir, ihre Anthropologie und das Dilemma, in dem sie leben, ist uns fremd. Diese Lebensumstände sind einzigartig in der Welt, und daher habe ich Spaß, darüber zu schreiben.

**In der vierten Staffel kommen wahre Legenden vor, Prinzessin Diana und Margaret Thatcher. Wie ist das für Sie, wenn Sie beim Dreh die Schauspieler in der Maske sehen, die dann Ihre Worte vor der Kamera lebendig machen?**
Sie können sich nicht vorstellen, wie viele Selfies ich vom Set habe! Und SMS. Wenn Thatcher und die Queen dir eine SMS schicken, ist das ziemlich schräg. Keinen Engländer lässt das kalt: „Oh, ich habe gerade eine SMS von der Queen und Margaret Thatcher bekommen."

**Wir erfahren durch Ihre Serie viel Neues aus Thatchers Privatleben. Warum war es wichtig, sie auch außerhalb Ihres politischen Jobs zu zeigen?**
Man denkt an Thatcher nie als Privatperson, aber sie hat mich auch als Mutter und Frau interessiert, vor allem als Mutter. Sie hat Zwillinge und natürlich ein Kind viel lieber als das andere. Das hat sie mit der Königin gemeinsam, die ja auch ihre beiden jüngsten Kinder ihren beiden älteren vorzieht. Mich hat diese

private Ähnlichkeit der beiden Frauen, die politisch sehr konträr waren, fasziniert.

**Claire Foy kannte niemand, bevor sie die junge Elizabeth wurde. Haben Sie sie entdeckt?**
Ich wünschte, ich könnte mir das an die Brust heften, aber ich muss zu meiner Schande gestehen, dass ich sie total übersehen hatte. Es gab so viele Kandidatinnen, und ich hatte so viel zu tun, dass ich mir dachte, die lasse ich aus. Und als ich endlich auf sie aufmerksam wurde und zu meinem Team sagte, mein Gott, die ist ja sensationell, meinten die: „Peter, sie war schon dreimal beim Vorsprechen." Als wir ihr dann beim Spielen zusahen, konnten wir es nicht glauben. Wir hatten es da mit einer jungen Judi Dench zu tun.

**Sie ersetzen viele junge Schauspieler mit älteren. Nach Claire Foy kam Olivia Colman, die in den beiden letzten Staffeln gegen Imelda Staunton getauscht wird …**
Wir planten das von Anfang an so. Ich hatte Tränen in den Augen, als ich Olivias Gesicht nach Claires sah, und dasselbe wird mir wohl mit Imelda passieren. Es war auch interessant, die Verwandlung von Matt Smith in Tobias Menzies zu erleben, die beide Philip spielten. Ab der fünften Staffel spiel Jonathan Pryce den Prinz. Für Charles haben wir einen Schauspieler im Auge, aber das ist noch genauso wenig bestätigt wie der Darsteller, der Tony Blair spielen wird. Ich kann nur so viel verraten: Beide sind Namen, die man kennt. Und nein, Michael Sheen wird nicht Blair sein.

**Olivia Colman wurde mit Preisen überschüttet für diese Rolle …**
Ja, und sie hat jeden verdient. Sie ist eine der intuitivsten Schau-

spielerinnen, die ich je erlebte. Sie ist Amadeus, und wir anderen sind Salieris.

**Wie kam es zum Casting von Emma Corrin als blutjunge Diana?**
Wir waren mit dem Casting von Camilla Parker Bowles beschäftigt, und ich hatte eine Szene für die vierte Staffel geschrieben, in der Camilla Diana zum Lunch in ein Restaurant namens „Ménage à Trois" einlädt. Kein Scherz, das ist tatsächlich der Name des Restaurants. Hätte ich das erfunden, wäre ich zum absoluten Arschloch erklärt worden. Auf jeden Fall gab ich diese Szene den Kandidatinnen für die Camilla-Rolle. Und anstatt dass der Casting-Assistent die Diana-Dialogzeilen las, brachte er eine junge, unbekannte Darstellerin herein, die das machte. Ich vergaß komplett, auf Camilla zu achten, weil ich ohnehin wusste, dass ich die Rolle Emerald Fennell geben würde, und war vollkommen hypnotisiert von Emma Corrin. Und damit hatten wir unsere Diana Nummer eins.

**Ihre Nachfolgerin ist Elizabeth Debicky, eine in Paris geborene Australierin. Wie kamen Sie auf sie?**
Ich verdanke das meinem Besetzungsregisseur, dem ich meist zu 100 % vertraue. Ich habe Elizabeth Debicki noch in nichts gesehen, es ist also ein Vertrauensvorsprung meinerseits. Ich weiß nur, dass sie etwas Übernatürliches an sich hat, und das ist eine Gemeinsamkeit zwischen ihr und Diana. Diana mag als das Mädchen von nebenan begonnen haben, aber sie wurde zur Göttin. Sie hatte Mut und Courage und unglaubliches Charisma.

**Sie haben Queen Elizabeth oft als die sichtbarste unsichtbare oder bekannteste unbekannte Frau der Welt bezeichnet. Worin**

liegt ihre große Bedeutung für die Menschen?
Mir ist das bis heute nicht ganz klar. Und man sollte meinen, ich sollte das am besten wissen und beantworten können. Wie die Verbindung zwischen uns und ihr ihren Nachhall findet. Wie hoch der Prozentsatz ist, der davon im Unterbewusstsein stattfindet und zu wie viel Grad es uns bewusst ist. Ich würde sagen, dass sie für die meisten Menschen, aber ganz besonders für die Briten und das Commonwealth das Verbindungsglied für fünf Generationen darstellt. Meine Großeltern haben dieselbe Connection zu ihr wie meine Kinder und vielleicht noch deren Kinder. Sie ist die eine Konstante in unserem fragmentierten Universum.

**Woran liegt aus Ihrer Sicht der außerordentliche Erfolg der Serie?**
Ich war sehr berührt von einigen Folgen, obwohl ich es ja bin, der sie geschrieben hat und die Handlung kannte. Aber sie dann verfilmt zu sehen hat etwas in mir ausgelöst. Es war, als hätte ich das geheime Leben meiner Großmutter gefunden. Emotionen zu entdecken, die man sich bei gewissen Leuten gar nicht vorstellen konnte. Um auf etwas zurückzukommen, das ich vorher angesprochen habe: Ich denke, wir haben alle widersprüchliche Gefühle, was die königliche Familie betrifft, und existieren in einer sehr komplexen und komplizierten Beziehung zu ihr. Jeder, der politisch etwas links der Mitte ist, hatte lange Phasen, wo er sie einfach nur loswerden wollte und an ihrer Stelle einen gewählten Präsidenten mit einem vernünftigeren System. Aber in Großbritannien schafften wir es erstaunlicherweise dennoch nie, sie abzusägen. Ich denke, diese komplexen Emotionen werden beim Zuschauer freigesetzt. Das ist mehr, als normalerweise bei einer dramatisierten Figur

*Royal-Collector's-Edition-Autorin Elizabeth Sereda (Mitte) mit Drehbuch-Autor Peter Morgan und Elizabeth-II-Darstellerin Olivia Colman.*

geschieht. Sie ist eine Person, die für uns mit allen möglichen Assoziationen behaftet ist.

**Sie wurden mit dem CBE geehrt und sind demnach Commander of the Order of the British Empire. Wurde Ihnen diese Ehrung durch die Queen zuteil?**
Nein, ich habe die Queen noch nie getroffen. Diese Ehrung kommt von der Regierung und wird im Buckingham-Palast von einem Mitglied der Royal Family verliehen, in meinem Fall Prinz Charles. Er hatte keine Ahnung, wer ich bin. Dann flüsterte ihm jemand: „Das ist der Drehbuchautor", und er sagte: „Oh, Sie sind der Drehbuchautor." Und dann fiel ihm nichts mehr ein, er dachte sicher: Oh, Shit, was sage ich jetzt? Und dann meinte er: „Es ist sicher sehr schwierig zu entscheiden, was man drin lässt in einer Geschichte und was nicht." Und ich erwiderte: „Yes, Sir." Er sagt: „Okay, gut gemacht." Und das war's dann! *(lacht)*

**Glauben Sie, dass er und die Familie „The Crown" sehen?**
Anfangs nicht, aber inzwischen schon, davon bin ich überzeugt. Denn ich weiß auch aus guten Quellen, dass die Queen „The Queen" gesehen hat. Helen Mirren und sie sind miteinander gut bekannt. Aber zugeben werden sie das wohl nie.

**Haben sich die Informanten rund um die königliche Familie, die sie anfangs noch ausfragen konnten, nach dem Erfolg und der hohen Visibilität der Serie nun eher zurückgezogen oder sind sie offener geworden?**
Beides. Es gibt Leute aus den inneren Kreisen – und ich kann hier leider keine Namen nennen –, die uns aufgrund des Erfolgs kontaktiert und Informationen angeboten haben, und solche, die

sich nun weigern, um, wie sie sagen, die Privatsphäre der Royals zu schützen. Was kompletter Unsinn ist. Sie wollen bloß ihr eigenes Nahverhältnis nicht gefährden.

**Wird es leichter für Sie, nun über eine Ära in der Geschichte zu schreiben, die Sie selbst erlebt haben?**
Ja, weil ich natürlich Erinnerungen und Erfahrungen habe, die ich über die Nachkriegszeit nicht haben konnte. Aber dennoch werde ich immer wieder überrascht. Da gibt es immer noch Details, die ich nicht kannte, und Entdeckungen, die das Recherche-Team macht.

**Wissen Sie, wie und mit welchem Geschehnis die Serie in der sechsten Staffel enden wird?**
Ich habe eine gewisse Vorstellung. Zumindest bilde ich mir ein, es zu wissen, und ich habe ein paar Ideen, wie ich abschließen kann. Wir wollen im Sommer versuchen, mit dem Dreh der fünften Staffel zu beginnen – abhängig von Covid-Regeln – und mit der sechsten und letzten dann ein Jahr später. Ich wünschte, ich könnte schon genau sagen, welche Begebenheit die Serie beenden wird, aber bis ich das tatsächlich geschrieben und gesehen habe, ob es funktioniert, kann sich noch vieles ändern. Ich denke, zeitlich betrachtet werden William und Harry junge Männer sein, rund um ihren Schulabschluss. Sicher bin ich mir nur, dass ich am Ende weit genug von der Gegenwart entfernt sein werde, sodass es nicht journalistisch oder wie ein Dokumentarfilm wirkt. Ich rede hier von vor circa 20 Jahren. Dieser Abstand ist mir wichtig.

**Herr Morgan, wir danken für das Gespräch.** ✳

# WHO'S WHO IM TV-KÖNIGREICH

## Die Schauspieler in den royalen Rollen

Text: Gini Brenner

## CLAIRE FOY
### ⟶ *Die junge Queen Elizabeth II*

Kulleraugen, Kirschenmund: Wer Claire Foy vor „The Crown" bereits z. B. aus der BBC-Serie „Little Dorrit" kennt, sieht sie garantiert nicht als Idealbesetzung für die junge Queen Elizabeth II. Aber die Schauspielerei ist bekanntlich kein Ähnlichkeitswettbewerb, sondern Talentfrage – und Talent hat die 1984 geborene Britin zur Genüge, wie sie auch nach den ersten beiden „The Crown"-Seasons im Kino als amerikanische Astronauten-Ehefrau („Aufbruch zum Mond") und als dunkle Heldin Lisbeth Salander in David Finchers Stieg-Larsson-Romanverfilmung „Verschwörung" beweist.

Mangelnde Glaubwürdigkeit wurde ihr jedenfalls bisher noch nie vorgeworfen. Foy verkörpert die jugendliche Queen mit genau jener unvergleichlichen Kombination aus Verletzlichkeit und eiserner Härte, die das Image der jungen Elizabeth bis heute ausmacht. Eine großartige Performance – ein Golden Globe und viele weitere Auszeichnungen lassen grüßen. Und für die alleinerziehende Mutter einer kleinen Tochter (vom Vater, dem Schauspielerkollegen Stephen Campbell Moore, ist sie geschieden) ist die Rolle als oberste Britin ein Glücksgriff: „Diese Serie hat mein Leben radikal verändert." Und das nicht nur beruflich, sondern auch privat: „Mir ist aufgefallen, dass ich mir seit den Dreharbeiten weit mehr Gedanken über mein Verhalten in der Öffentlichkeit mache – und ich achte viel mehr auf meine Körperhaltung. Ganz wie die echte Königin." Ob sich ihr Bild dieser echten Königin durch die Rolle auch verändert hat? „Natürlich. Früher war die königliche Familie für mich eher eine Institution, ich habe sie nicht als Menschen wie dich und mich wahrgenommen. Aber als Königin kann Elizabeth ihre Gefühle ja auch gar nicht so ausleben wie eine ‚normale' Frau. Ich habe durch das, was ich über sie gelernt habe, sicher mehr Verständnis für sie gewonnen und enormen Respekt." Einen Wermutstropfen gibt es allerdings bei der royalen Rolle – und zwar wie so oft das Materielle: Foy bekommt für ihre Hauptrolle bedeutend weniger Gage als ihr Prinzgemahl Matt Smith. Eine Meldung, die viel weniger Wirbel auslöste, als eigentlich angesagt gewesen wäre.

# OLIVIA COLMAN
### ●·•◦ *Die ältere Queen Elizabeth II*

Sie ist rundlich, hat eine Knubbelnase, eine Durchschnittsfrisur und ziemlich viele Zähne – Olivia Colman sieht auf den ersten Blick sicher nicht wie ein Royal aus, schon gar nicht wie ein Kino-Star. Doch wer die 47-Jährige schon mal in Aktion gesehen hat, weiß genau, warum die Oscar-Preisträgerin als eine der besten Schauspielerinnen der Insel gilt: Ihr Charisma ist fast physisch spürbar. Wenn sie spielt, ist das keine bloße Darstellung, sondern ein Ereignis.

Und das völlig ohne Allüren – im Gegenteil. „Ich war ziemlich nervös, als ich zum ersten Mal ans Set von ‚The Crown‘ kam. Die Serie lief damals ja schon super, hatte auch einige Preise gewonnen. Claire Foy, von der ich die Rolle übernahm, ist eine fantastische Schauspielerin. Ich hatte wirklich Angst, das alles zu ruinieren!" Dabei hat Colman da schon einen Oscar in der Tasche – lustigerweise ebenfalls für eine Rolle als britische Königin, der Königin Anne in Yorgos Lanthimos' schrägem History-Drama „The Favourite".

Mit 16 steht Olivia Colman zum ersten Mal auf der Bühne, in der Schule – aber damals, 1990, ist die große Karriere von „Collie", wie sie ihre Freunde nennen dürfen, noch nicht abzusehen. „Ich habe mich eigentlich nur für das Schultheater gemeldet, weil ich sonst nichts wirklich gut konnte."

Es braucht noch einige Jahre, bis die als Sarah Caroline Olivia Colman in Norwich geborene Britin sich ganz auf das große Abenteuer Bühne einlassen wird – zuvor folgen noch ein paar Jahre Ausbildung zur Kindergärtnerin und ein Job als Putzfrau. „Vielleicht klingt das seltsam, aber ich habe das gern gemacht. Und ich hatte viel Zeit zum Nachdenken!"

Ihrer Rolle als Elizabeth II nähert sich die glücklich verheiratete Mutter dreier Kinder mit der gleichen Bescheidenheit: „Ach, das Make-up hat mindestens drei Viertel meiner Rolle gespielt." Dabei ist Colman eine der wenigen im „The Crown"-Cast, die die Queen schon einmal persönlich getroffen haben: „Ich war einmal für eine Veranstaltung im Buckingham-Palast eingeladen. Auf einmal begannen alle, sich in einer Reihe anzustellen, ich wusste gar nicht, warum. Und dann sah ich, dass da ums Eck nicht etwa noch ein Büfett stand, sondern die Queen und Prinz Philip! Ich habe ihr die Hand schütteln dürfen. Und mein Mann Ed Sinclair hat an dem Abend heimlich eine Rolle Palast-Toilettenpapier gemopst. Die haben wir immer noch zu Hause."

# MATT SMITH
### Der junge Prinz Philip

In Großbritannien hat der erst 38-jährige Matt Smith wohl den Schauspieler-Jackpot geknackt, was die Darstellung von National-heiligtümern betrifft: Schon mit 27 wird er als Hauptdarsteller der legendären Sci-Fi-TV-Serie „Doctor Who" engagiert, der Jüngste, der diese Rolle – die alle paar Jahre neu vergeben wird – je spielen durfte. Und 2015 castet ihn Peter Morgan als Prinzgemahl Philip in „The Crown" – noch so eine „Im Blickpunkt der Öffentlich-keit"-Rolle. In beiden Parts ist Smith ein großer Erfolg bei Publikum und Kritik, obwohl man bei Philip nicht gerade von Type-casting sprechen kann: „Ich fand mich als Herzog von Edinburgh eigentlich fehlbesetzt. Schließlich ist er lang und dünn, und ich bin doch eher … viereckig."

Die charakteristische, winkelige Körpersprache Philips bekommt Matt Smith aber perfekt hin – und entdeckt auch sonst in der Figur vieles, was ihm vertraut ist. „Wir sind beide begeisterte Sportler. Gut, für Philip war es Polo und Segeln, für mich Fuß-ball – aber wir beide haben uns in dieser Welt des Teamsports wirklich wohlgefühlt. Ich mag die Kameradschaft und auch den rauen Ton."

Ist es wirklich gerade die berühmt-berüchtigte „Lad culture", das stereotypische Macho-Gehabe unter jungen Briten, die Smith mit Philip verbindet? „Wahrscheinlich, ja! Wenn meine Mates und ich gemeinsam abhängen, dann schenken wir einander nichts, aber das alles in bester Freundschaft. Und Prinz Philip war da als junger Mann, glaube ich, ähnlich drauf."

Was ihm an der männerdefinierten „Lad culture" allerdings gar nicht gefällt, ist die materielle Ungleichheit zwischen den Ge-schlechtern. Als Smith davon erfährt, dass seine Gage weit höher ist als die von Co-Star Claire Foy, ist er not amused. „Ich komme aus einfachen Verhältnissen, mein Dad hat mir beigebracht, dass man in der Öffentlichkeit über Geldsachen nicht spricht, schon gar nicht über das Gehalt. Deshalb war ich mir dessen auch lange nicht bewusst, dass Claire weniger bekommt. Dabei hat sie viel härter gearbeitet. Das ist eine schändliche Ungerechtigkeit, die dringend aufhören muss."

Nach zwei Serienstaffeln heißt es für Smith schließlich raus aus dem Palast – die Hauptrollen werden neu besetzt. Ein schwieriger Schritt? „Nein, gar nicht. Zwei Jahre lang mit einer Rolle, das ist eine lange Zeit – und ich spiele gerne unterschiedliche Figuren." Keine leeren Worte: Nach dem Doctor und dem Prinzgemahl ist Smith im Kino u. a. als Serienmörder Charles Manson (in „Charlie Says" von „American Psycho"-Regisseurin Mary Harron) zu sehen, zurzeit steht er am Set des „Game of Thrones"-Spin-offs „House of the Dragon". Nur eins vermisst er schmerzlich an seiner Rolle als Herzog von Edinburgh: „Wenn man ins Badezimmer kommt und da hat einem schon jemand die Zahnpasta auf die Zahnbürste ge-drückt – daran hätte ich mich gewöhnen können."

# TOBIAS MENZIES
## *Der ältere Prinz Philip*

Irgendwann in der nahen Zukunft wird man wohl die Riege der derzeit aktiven Schauspieler nur mehr die „,Game of Thrones'-Generation" nennen. Fast auf jeder Darsteller-Bio ist zumindest ein Miniauftritt in der Megaserie verzeichnet. Auch Tobias Menzies kennen viele Fernsehzuschauer vor allem als Edmure Tully, einen stolzen, aber nicht maximal kompetenten Feldherrn und Onkel von Sansa Stark – oder in seiner Golden-Globe-nominierten Doppelrolle als Ehemann und Bösewicht in der Roman-Serienadaption „Outlander".

Und auch wenn der 1974 geborene Londoner seine Wurzeln am Theater hat – seine Ausbildung absolviert er an der renommierten Royal Academy of Dramatic Art –, dem TV-Bildschirm hat er aber seine Karriere zu verdanken. Schon seine erste größere Rolle hat er in der Ärzte-Soap „Casualty", später spielt er in der groß angelegten History-Serie „Rome" den Cäsarenmörder Brutus und bekommt eine tragende Rolle in der John-le-Carré-Adaption „The Night Manager".

Menzies verfügt über eines dieser Gesichter, die ebenso charakteristisch wie wandelbar sind. Er kann alles von gut aussehend bis abstoßend-schleimig, ihm nimmt man sowohl den Bankbeamten als auch den Massenmörder ab. Und irgendwas an seinem Lächeln, der Art, wie er seine Augenbrauen hochzieht, erinnert Pe-

ter Morgan an den Prinzgemahl: „Er hat genau die richtige Ruhe, Reife und Würde." Und so wird der groß gewachsene Schauspieler, mit gebleichten Augenbrauen und graublonder Perücke, zum perfekten Nachfolger von Matt Smith in „The Crown".

Genau wie Smith ist auch Menzies fasziniert von der Persönlichkeit Philips, die sich ihm bei der Rollen-Recherche hinter dem öffentlichen Image eröffnet. „Er ist ein sehr verschlossener Mensch, der es gelernt hat, seine Emotionen für sich zu behalten. Allerdings merkt man ihm an, dass sich sehr viele dieser Emotionen in ihm aufstauen. Für mich als Schauspieler war es unglaublich spannend, mich durch diese vielen Schichten seines Gefühlspanzers durchzuarbeiten."

Anfangs hat er noch Angst, neben dem in Großbritannien hochberühmten Matt Smith ein wenig „abzustinken" – das gibt sich allerdings schnell nach den Reaktionen auf Menzies' erste Episoden-Auftritte. „Ich verstehe ja sowieso nicht, warum Tobias nicht schon längst superberühmt ist", kommentiert Peter Morgan. „Er ist ein unglaublich guter Schauspieler." Vom Ruhm hält der derart Gerühmte selbst allerdings wenig. „Für einen Schauspieler ist es nicht einfach, mit Berühmtheit umzugehen. Oft ist es sogar kontraproduktiv. Denn wir leben beruflich davon, unsere Mitmenschen zu beobachten, die Welt um uns herum wahrzunehmen. Und wenn sich diese Welt dann, weil wir so bekannt und begehrt sind, extra für uns zu verändern beginnt – dann wird es wirklich schwierig, glaubwürdig zu bleiben."

# VANESSA KIRBY
## ❧ *Die junge Prinzessin Margaret*

In der Öffentlichkeit sind die Rollen immer schon klar verteilt: Elizabeth, die Ältere, ist die Kluge, aber Farblose, die Pflichtbewusste und Verantwortungsvolle – Margaret, die Jüngere, die Schöne, Exaltierte, Sprunghafte und Verwöhnte. Eigentlich die wahre Märchenprinzessin, zumindest sieht sie selbst das so. Ein Leben im Schatten (und in der Gnade) der langweiligen Schwester, die das Schicksal auf den Königsthron gehievt hat – das könnte glatt von Shakespeare sein. Kein Wunder also, dass die Wahl der Darstellerin für die jüngere Margaret auf eine Schauspielerin fällt, die als eine der besten ihrer Generation gilt: Vanessa Kirby, seit ihrer Tour-de-Force-Performance im Familiendrama „Pieces of a Woman" Golden-Globe-Nominee und heiße Oscar-Kandidatin.

Davon ist allerdings noch nicht die Rede, als Vanessa, damals 27, in der ersten Season von „The Crown" als 17-jährige Margaret vor der Kamera steht. Bis dato ist sie, bis auf einige wenige Kino- und TV-Auftritte, hauptsächlich im Theater aktiv. „Ich war ein sehr sensibles und schüchternes Kind. Sehr gefühlsbetont. In der Schule bin ich oft gemobbt worden – erst als ich das Theaterspielen für mich entdeckt habe, habe ich einen Weg gefunden, mit meinen Emotionen umzugehen." Prinzessin Margaret wächst ihr gerade aus diesen Gründen wohl besonders ans Herz. Denn bevor

die jüngere Windsor-Schwester zu trinken anfängt und sich medienwirksam zum royalen Enfant terrible entwickelt, ist auch sie eine sensible, hochemotionale – und vor allem sehr unglücklich verliebte junge Frau. Margaret wird ja von ihrer eigenen Schwester, der Queen, untersagt, ihre unstandesgemäße große Liebe zu heiraten. „Das war für sie eine ganz große, einschneidende Katastrophe", meint Kirby. „Danach wurde sie bitter, zynisch und vergrub sich im Selbsthass. Ich wollte die Persönlichkeit finden, die sie vorher war. Die ‚echte' Margaret."

Eine große Aufgabe – die ihr unendlich viel Freude bereitet, wie Kirby in Interviews oft und gern erzählt. „Dieser Dreh war wohl bisher die schönste Zeit meines Lebens. Als es zu Ende war, hab ich regelrecht getrauert."

Aber wohl nicht allzu lange. Nach „The Crown" folgt der berühmte Anruf aus Hollywood: Kein Geringerer als Tom Cruise will sie und nur sie für „Mission: Impossible – Fallout", den sechsten Teil der Blockbuster-Serie. Kirby gibt die „White Widow", eine Superschurkin mit Profil – und das gleich mit so viel Impact, dass der Hauptdarsteller und Produzent sie für zwei weitere „MI"-Filme verpflichtet hat.

Die sensible Bühnen-Elfe als Action-Bösewicht? Kann das funktionieren? „Und ob", lacht Kirby. „Ich habe erstaunlich viel Spaß daran – auch so lernt man als Schauspieler seinen Körper kennen!" Und das bis zum letzten Muskel: „Tom Cruise ist ein gnadenloser Trainer!"

# HELENA BONHAM CARTER
### ⌐•→ *Die ältere Prinzessin Margaret*

„Finden Sie nicht auch, dass man beim ersten Besuch in Florenz ein Zimmer mit Aussicht haben sollte?" Mit diesem Satz war es um eine ganze Kinobesucher-Generation geschehen: Helena Bonham Carters erste große Kinorolle in „Zimmer mit Aussicht" (1985) ist für die damals 19-Jährige ein Star-Start, wie ihn nur wenige schaffen. Mit ihrem Porzellanteint, den rosigen Lippen, den Ebenholz-Locken und dem perfekten Upperclass-Akzent ist sie die ultimative „English Rose", die dem in den 1980ern so populären Nostalgie-Kino ein Gesicht verleiht.

Denkste. Helena ist nie eine, die sich gerne vereinnahmen lässt. Sie ist das schwarze Schaf ihrer wohlhabenden Londoner Familie – und muss sich die Karriere als Künstlerin hart erarbeiten. Währenddessen wird sie zum Lieblingskind der britischen Yellow Press, vor allem als sie sich 1994 während des Drehs zu „Mary Shelley's Frankenstein" mit Regisseur Kenneth Branagh, äh, „zusammentat" – sehr zum Leidwesen von Branaghs damaliger Ehefrau Emma Thompson.

1999 spielt Bonham Carter in David Finchers „Fight Club" Brad Pitt und Edward Norton an die Wand, 2001 beginnt ihre langjährige – private und berufliche – Kollaboration mit Regisseur Tim Burton. Sie ist seine Muse, spielt in „Big Fish", „Charlie und die Schokoladenfabrik", „Corpse Bride" … und ist maßgebliches Vor-bild für Burtons Frauenfiguren. Die Beziehung endet 2014, ihre Vorliebe für schräge Auftritte und ungewöhnliche Rollen bleibt bestehen. Damit schafft sie es zur Popkultur-Ikone: Auch die jüngere Generation kennt und liebt sie für ihre superböse Dar-stellung der Bellatrix Lestrange in den „Harry Potter"-Filmen.

Ihre Besetzung als Prinzessin Margaret ist für viele überraschend: Optisch gleichen sich die Prinzessin mit den betonten Wangen-knochen und die Schauspielerin mit der kräftigen Kinnpartie so gar nicht. Allerdings haben Helena und Margaret eine große Ge-meinsamkeit: null Toleranz für Bullshit. Und diese ganz spezielle Art von „Star Quality", die einen in jeder Umgebung als etwas ganz Besonderes, Ungewöhnliches, Faszinierendes erscheinen lässt.

„Das Spannende ist ja, dass jeder eine Meinung von Margaret hat – aber sie selbst recht wenige öffentliche Aussagen getroffen hat", meint Bonham Carter. Sie ist der 2002 verstorbenen Prinzes-sin näher, als die meisten wissen: Nicht nur hat sie im Oscar-Dra-ma „The King's Speech" bereits ihre Mutter, die spätere Queen Mum, verkörpert. Ihr Onkel, Mark Bonham Carter, ist in seiner Jugendzeit glühender Verehrer von Prinzessin Margaret. „Es wur-de keine Liebesbeziehung, aber sie waren gute Freunde, bis zu ihrem Lebensende."

Apropos Lebensende: Derzeit dreht Bonham Carter „The Clea-ner", die britische Adaption der legendären deutschen TV-Serie „Der Tatortreiniger" mit Bjarne Mädel in der Titelrolle. Keine Fra-ge, die Lady hat einen großartigen Riecher für den besten Stoff.

# EMMA CORRIN
## *Prinzessin Diana*

Sie ist die ganz große Überraschung der vierten Staffel von „The Crown": Emma Corrin als Lady Di. Im Gespräch für die prestigeträchtige Rolle waren immerhin Kaliber wie Emily Blunt, Carey Mulligan, Sophie Turner oder gar Kirsten Dunst – auf die braunhaarige Newcomerin mit südafrikanischen Wurzeln hätte wohl kaum jemand gesetzt. Aber die Entscheidung erweist sich als wohlüberlegt – darauf deuten unter anderem der Golden Globe als beste Serien-Hauptdarstellerin in einem TV-Drama und zahllose hymnische Kritiken für ihre überaus naturnahe Darstellung der „Königin der Herzen" hin.

„Es war eine unglaubliche Herausforderung, die richtige Darstellerin für Prinzessin Di zu finden", meint auch Drehbuchautor Peter Morgan. „Sie ist so eine faszinierende Figur – genauso reizvoll wie unmöglich zu spielen! Die große Frage war: Wer könnte die Frau sein, die sie wieder zum Leben erweckt? Ernsthaft: Ich hätte lieber die Serie enden lassen als jemanden für die Diana engagiert, der mich nicht hundertprozentig überzeugt".

„Als ich die Rolle angeboten bekam, bin ich fast in Ohnmacht gefallen – kein Witz!", erzählt Corrin. Ursprünglich ist sie nur als Stand-in eingeladen worden, um den Bewerberinnen für die Rolle der Camilla Parker Bowles die richtigen Dialogzeilen zuzuwerfen – „aber ich habe dabei versucht, Dianas ganz eigene Art zu schauen nachzuahmen. Und manche ihrer typischen Bewegungen – etwa wie sie ihren Kopf zur Seite gelegt hat."

Ein halbes Jahr später wird sie dann tatsächlich als Diana engagiert. Eine große Aufgabe, an jedem einzelnen Drehtag. „Es war trotz der intensiven Vorbereitungen nicht einfach, in die Rolle reinzufinden. Alle paar Minuten hat mich Jessica, die Regisseurin, angefahren: ‚Emma, Haltung!'"

Aber schließlich gibt es sogar von Prinz Harry persönlich ein öffentliches Lob für die Darstellung seiner Mutter – eine veritable Adelung von Corrins Performance und einer der ganz wenigen Kommentare der Krone zu „The Crown". „Harrys Aussage hat mich unglaublich bewegt, und ich bin wirklich sehr dankbar dafür!", kommentiert sie. Nicht schlecht – und es ist tatsächlich eine unglaubliche Leistung, eine derart kontroverse Person, die tatsächlich gelebt hat, so wahrhaftig, sympathisch, aber dabei keineswegs schönfärberisch darzustellen. Dianas unnachahmlich ungelenke Eleganz, ihren schüchtern-selbstbewussten Rehchen-Blick, ihre als Naivität getarnte, große, vorurteilsfreie Menschenkenntnis. Und vor allem: Dianas Stimme. „Meine Mutter ist Sprachtherapeutin, sie hat mich für die Rolle gecoacht. Diana hatte nämlich eine ganz besondere Art zu sprechen, eine ganz spezielle Satzmelodie." Der Einsatz hat sich ausgezahlt: Der Golden Globe als beste Serien-Hauptdarstellerin in einem TV-Drama ist eigentlich keine Überraschung. Was folgt? „Jetzt erst mal ein paar Wochen Ruhe. Die habe ich mir verdient."

## JOSH O'CONNOR
*Prinz Charles*

„Er hat mir richtig leidgetan. Damit hätte ich nie gerechnet!" In einem Interview für den britischen „Guardian" erzählt der junge Schauspieler Josh O'Connor, wie er zum ersten Mal in seinem Leben Mitleid für Prinz Charles bekommt – als er selbst in dessen Rolle schlüpft. „Alles, was Charles seit frühester Kindheit zu hören bekommt, ist: ‚Sei ruhig, mach dies, mach das!'"

Bis zum Dreh von „The Crown" ist O'Connors Meinung über die Royals im Allgemeinen und Charles im Speziellen eher mittelgut, deshalb will er die Rolle anfangs auch gar nicht annehmen. „Ich dachte mir: Okay, Prinz Charles ist ein Royal, er ist extrem vornehm, und jeder kennt ihn. Was also sollte ich dieser Rolle noch geben können? Was wäre mein einzigartiger Beitrag?"

Erst als Serien-Mastermind Peter Morgan auf O'Connors Mitwirkung insistiert, lässt er sich doch noch überreden. „Dann las ich im Drehbuch diesen einen Satz aus Charles' Dialog: ‚Eigentlich ist alles, was ich jeden Tag mache, auf den Tod meiner Mutter zu warten – erst danach wird mein Leben irgendeine Bedeutung haben.' Da dachte ich mir: Okay, damit kann ich arbeiten!"

Wie es ist, um die Aufmerksamkeit der Welt zu kämpfen, das kennt Josh als junger, aufstrebender Schauspieler natürlich auch aus eigener Erfahrung. Der 1990 in Southampton geborene Sohn einer Hebamme und eines Lehrers entdeckt die Schauspielerei ursprünglich als Therapie gegen seine Konzentrationsschwäche. Und weil seine Familie durchaus nichts gegen künstlerische Ambitionen hat – Joshs Großvater ist immerhin der bekannte britische Bildhauer John Bunting –, landet er schließlich in Bristol an der Old Vic Theatre School. Kurz nach dem Abschluss gibt es auch schon die ersten Rollen für den feschen Nachwuchs. 2017 gewinnt er für seine Rolle in Francis Lees Liebesdrama „God's Own Country" sogar den British Independent Film Award als bester Schauspieler.

Mit „The Crown" tritt er nun erstmals vor ein sehr großes, internationales Publikum – und holt sich gleich den Golden Globe als bester Serien-Hauptdarsteller in einem TV-Drama. Was kommt danach? „Ich weiß es ehrlich gesagt noch nicht so genau", meint er und lächelt verschmitzt. „Gerade habe ich die Indie-Produktion ‚Mothering Sunday' gedreht, und ich spiele in einer TV-Adaption von Shakespeares ‚Romeo und Julia' den Romeo." Diesen Sommer werden wir ihn, falls alles rundläuft, im Beziehungsdrama „Wer wir sind und wer wir waren" neben Annette Bening und Bill Nighy in den deutschen Kinos sehen. Und wenn es danach nicht mehr klappt mit der Karriere, gibt es auch schon Alternativen: „Für meine Rolle in ‚God's Own Country' habe ich gelernt, wie man auf einer Schaffarm arbeitet. Ich habe während des Drehs geholfen, mindestens 150 Lämmer zur Welt zu bringen, und der Bauer meinte, ich stelle mich ganz gut an für einen Stadtmenschen. Dieser Job bliebe mir also immer als Alternative." ✳

Die Reproduzierbarkeit ikonischer Frauenporträts macht den bekanntesten Teil von Andy Warhols Werk aus. 2012 kauft die Queen zu ihrem diamantenen Thronjubiläum eine Serie von vier Siebdrucken ihres Porträts – überzogen mit feinen Glassplittern, die der Oberfläche diamantartiges Glitzern verleihen. Die Bilder sind Teil der Dauerausstellung „The Queen: Portraits of a Monarch", die in Windsor Castle zu sehen ist.

# DIE ECHTE QUEEN OF POP

Was vom Leben und Wirken der Queen als historische Wahrheit in Köpfen und Geschichtsbüchern landet, ist kein erfundenes Märchen. Dennoch ist es ein Konstrukt, an dem Popkultur, Öffentlichkeitsarbeit und Film- und Fernsehinszenierungen mindestens so viel Anteil haben wie überprüfbare Fakten

Text: Magdalena Miedl

Grausam, gemein und unfair besonders gegenüber Prinz Charles: Verschiedene Personen aus dem Umfeld nah der königlichen Familie meinen, speziell die vierte Staffel der Serie „The Crown" habe das Missfallen der Royals erregt. Viele Ereignisse seien zu stark dramatisiert, manche Personen fühlen sich vom Drehbuch ungerecht behandelt. Die Gerüchte sind Anlass zu umfangreichen Faktenchecks und Berichten, in amerikanischen Popkulturzeitschriften ebenso wie in der liberalen britischen Tageszeitung „Guardian", im traditionsbewussten „Town and Country"-Magazin sowie in der ehrwürdigen „Times": Ist der Netflix-Serie zu trauen, was ihr Geschichtsbild betrifft? Und ist das überhaupt wichtig?

Die Frage ist nicht neu, was die filmische Nacherzählung historischer Begebenheiten betrifft, sagt die Politologin Petra Bernhardt. Sie forscht und lehrt an der Universität Wien mit dem Schwerpunkt Visuelle Politik: Wie präsentieren sich politische Akteure und Akteurinnen, wie inszenieren sie sich über Bildmedien? Bernhardts Forschungsschwerpunkt liegt auf dem Teil, den Politikerinnen und Politiker selbst kontrollieren können, nämlich die Bildproduktion durch offizielle Fotografinnen und Fotografen, und sie beobachtet die Wechselwirkung zwischen der strategischen Bildproduktion der Politik und der medialen Rezeption. Wenn nun eine fiktionalisierte Version historisch relevanter Figuren in der Öffentlichkeit breit rezipiert wird, was macht das mit unserer Wahrnehmung von Geschichte und Wirklichkeit? Um zum Beispiel „The Crown" zurückzukehren: Ist es legitim, dass viele Details komplett neu erfunden, manche Vorfälle dramatisiert

und wieder andere ausgelassen werden? Dass etwa die Beinahe-Entführung von Prinzessin Anne 1974 weggelassen wurde, habe viele überrascht, gibt der historische Berater der Serie, Robert Lacey, zu Protokoll, doch „dramaturgisch hat das einfach nicht in den Ablauf der Staffel gepasst". Manchmal schreibt das Leben eben doch nicht die besten Geschichten – dass Prinzessin Annes Affäre mit Andrew Parker Bowles parallel zu Prinz Charles' beginnendem Werben um Camilla stattgefunden haben soll, dürfte beispielsweise aus dramaturgischen Gründen erfunden worden sein. Im Fernsehen macht sich so ein Beziehungs-Tandem aber natürlich hervorragend.

„The Crown" behauptet nicht, dass die dargestellten Ereignisse so passiert seien. Doch immer wieder besteht die Gefahr, Inszenierung und Realität zu verwechseln, zumal die Serie geschickt mit der Einbindung offenkundig authentischer Archivnachrichtenbildern agiert – auch wenn die Echtheit der verschneiten Fernsehbilder wohl nur von den wenigsten Zuschauerinnen überprüft wird. „Crown"-Showrunner Peter Morgan (Interview Seite 14) betont, es sei gelegentlich notwendig, die historische Genauigkeit zu vernachlässigen, niemals jedoch „die innere Wahrheit". Der Politikjournalist Simon Jenkins hingegen sieht das im „Guardian" weniger locker, für ihn ist Olivia Colmans Darstellung von Elizabeth II. eine „Karikatur", und die Serie voll historischer Unwahrheiten, die die königliche Familie in schlechtem Licht erscheinen lassen, von der engen Beziehung zwischen Charles und Camilla in den ersten Jahren seiner Ehe mit Diana bis zu absichtlichen kleinen Sabotageakten im Protokoll, die die

> **Die historische Genauigkeit ist vernachlässigbar, nie jedoch „die innere Wahrheit"**

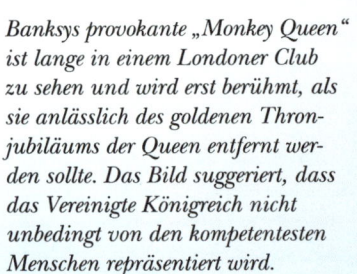

*Banksys provokante „Monkey Queen"*
*ist lange in einem Londoner Club*
*zu sehen und wird erst berühmt, als*
*sie anlässlich des goldenen Thron-*
*jubiläums der Queen entfernt wer-*
*den sollte. Das Bild suggeriert, dass*
*das Vereinigte Königreich nicht*
*unbedingt von den kompetentesten*
*Menschen repräsentiert wird.*

Queen gegenüber Margaret Thatcher anordnet. Jenkins schreibt, die Serie sei „Fake History", und das sei ein Problem: Zwar könnten die Royals gut auf sich selbst aufpassen, es brauche aber bei der Re-Inszenierung gerade jüngerer politischer Begebenheiten einen „Schutz der Geschichte", am besten durch eine Markierung – etwa ein „F" oben in der rechten Bildschirmecke, für „Fiktion".

Ganz ernst ist Jenkins' Vorschlag nicht zu nehmen, seine Kritik jedoch schon: Findet hier eine unzulässige Interpretation historischer Begebenheiten statt, die die Geschichte verfälscht? Oder geht die Frage schon von einer falschen Annahme aus, weil es nämlich gar keine objektive Perspektive geben kann? Das, was die Öffentlichkeit über die Queen zu wissen glaubt, ist ohnehin eine komplexe Gemengelage aus historischen Fakten, Zeitungswissen, sorgfältig kuratierter Öffentlichkeitsarbeit – und zu einem nicht geringen Anteil auch aus inszenierten Film- und Fernseherzählungen. Politologin Bernhardt sagt dazu: „Aus imagepolitischer Sicht ist die Aufregung für das Königshaus nachvollziehbar, die empfinden wohl die Darstellung einzelner Akteure oder den Fokus auf das Private als nicht angemessen und nicht akkurat – und das ist auch legitim." Die Forderung nach einem Sicherheitshinweis, weil die Fernsehserie keine historisch akkurate Tradierung ist,

sei jedoch „vollkommener Blödsinn", so Bernhardt. „Klar haben Filme und Serien eine Auswirkung auf die Art und Weise, wie wir historische Prozesse wahrnehmen. Das muss aber nicht notwendigerweise negativ sein, es kann im Idealfall auch Anlass für eine tiefgreifende Auseinandersetzung sein, sei es in Fanforen oder sei es in der Diskussion von Einzelheiten. Und selbst wenn nicht – wo ist der konkrete Schaden?"

Filmbiografien sind eine beliebte Gattung. Das angenehme Gefühl, sich einen Kinoabend lang ohne Anstrengung historisch fortzubilden und zugleich unterhalten zu lassen, hat in den letzten 15 Jahren einige enorme Publikumserfolge hervorgebracht. Bemerkenswert viele dieser Filme betreffen die Queen und ihr politisches und familiäres Umfeld: Stephen Frears' „The Queen" (2006) mit Helen Mirren handelte von den Tagen rund um den Tod von Diana, Tom Hoopers „The King's Speech" (2010) war ein herzerwärmendes Porträt des Kampfes von Prinz Albert gegen sein Stottern und sein Einspringen auf den Thron als König George VI., nachdem sein älterer Bruder wegen der Liebe zu Wallis Simpson noch vor der Krönung abdankte. Der persönlichen Entwicklung Margaret Thatchers widmete sich Phyllida Lloyd in „Die eiserne Lady" (2011) mit Meryl Streep. Oliver Hirschbiegel

**„Klar haben Filme eine Auswirkung auf die Weise, wie wir Geschichte wahrnehmen"**

GOD Save THE QUEEN

Sex Pistols

*Angeblich war eine Terminverschiebung schuld, dass „God Save The Queen" von den Sex Pistols ausgerechnet zum silbernen Thronjubiläum 1977 rauskommt; der resultierende Charts-Erfolg soll der BBC damals sehr peinlich gewesen sein. Das Plattencover, entworfen vom Künstler Jamie Reid, wird 2001 zum besten Cover aller Zeiten gewählt.*

Als Geschenk des Künstlers an die Queen entsteht das Porträt „Queen Elizabeth II" von Lucian Freud. Er porträtiert sie zwar mit ihrem Diadem als Königin, doch zugleich als glaubwürdig alten Menschen und nicht als idealisierte Bildmarke (oben). Die Empörung der Boulevardpresse ist erwartungsgemäß groß, die Queen nimmt das Geschenk jedoch an und inkludiert es in eine Ausstellung ihrer wichtigsten Porträts aus 60 Jahren Regentschaft. In derselben Schau ist auch Chris Levines Hologramm „The Lightness of Being" zu sehen, ein ungewöhnlich intimes Bild der Queen – mit entspannt geschlossenen Augen (unten).

*Das soll Kunst sein? Auch Mr. Brainwash, dessen Aufstieg vom Street-Art-Künstler zum Pop-Art-Superstar der Film „Exit Through The Gift Shop" nachzeichnet, benutzt die Queen für ein Werk, das wohl die These formuliert, auch die Queen sei einmal eine junge, rebellische Frau gewesen. Die junge Königin mit Union-Jack-Spraydose ist in vielen Versionen zu erwerben, auch etwa mit einem niedlichen gesprayten „Life is beautiful"-Schriftzug – eher herzig als kritisch.*

inszenierte in „Diana" (2013) Naomi Watts in der Titelrolle während einer Liebesaffäre, die von der Öffentlichkeit bis dahin weitgehend verschont geblieben war. Und Gary Oldmans Film-Make-up-Team erhielt in dem Churchill-Porträt „Die dunkelste Stunde" (2017) von Joe Wright einen Oscar. Und es nimmt kein Ende: „Spencer" über Prinzessin Diana, mit Kristen Stewart und unter der Regie von Pablo Larraín („Jackie"), soll 2022 ins Kino kommen.

Viel von unserem Wissen über das Königshaus stammt aus diesen Produktionen, die oft karikaturhaft zuspitzen und dramatisieren. Zwar sind diese Filme auch erfolgreich bei Preisverleihungen, doch in vielen Fällen sind sie unkritisches Konsenskino, das widersprüchliche historische Figuren in Maskottchenhaftigkeit erstarren lässt. Doch ist das schlimm? „Klar, wenn nur übrig bleibt, dass Winston Churchill ein herziger alter Alkoholiker ist, der gerne malt, ist das nicht gut. Aber was wüsste die Zuschauerin vielleicht sonst über Winston Churchill?", so Bernhardt. „Das filmische Erzählen in Serien kann auch ein Vehikel sein, das zu einer weiterführenden Beschäftigung motiviert."

## Im Schlafzimmer der Königin ist der Raum der größten Freiheit

Inszenierung ist immer bewusst gestaltete Realität, die mit Auswahl- und Hervorhebungsprozessen verbunden ist – egal ob das in Filmen und Serien ist oder die Selbstinszenierung der Royals für offizielle Fotografien. „Was wir über das britische Königshaus zu wissen glauben, ist genauso ein Ergebnis von Auswahlprozessen und Akzentuierungen", erinnert Bernhardt. „Das Königshaus hat ein Interesse daran, dass bestimmte Aspekte im Vordergrund stehen, etwa das Sich-Einbringen in politische Agenden und Suchen von Kompromissen – und natürlich weniger, was das Privatleben der Kinder betrifft." Dass im Serienformat die Beziehungsebene im Vordergrund steht, störe diese offizielle Position da natürlich – für die Serien- und Filmemacher ist dies aber logisch: Erst im intimen Rahmen, wo niemand bezeugen kann, was wirklich passiert ist, ist echte Fiktionalisierung möglich. Im Schlafzimmer der Königin ist der Raum der größten Freiheit, eine innere Wahrheit zu finden – und das ist dem Publikum durchaus bewusst. „Es ist ein verkürztes Verständnis von Rezeptionsprozessen, wenn wir davon ausgehen, dass das Publikum nicht unterscheiden kann zwischen Fiktion und einer historisch akkuraten Darstellung."

*In der politischen Fernsehsatireshow „Spitting Image" ist die Queen zwar keine Schönheit, aber doch immerhin als mütterliche, vielleicht etwas überspannte alte Dame porträtiert – vergleichsweise freundlich für die legendär gemeine Show.*

*Als die Simpsons 2003 für die Episode „The Regina Monologues" nach London reisen, fährt Homer seinen Mietwagen in die Kutsche der Queen, beleidigt sie, wird schließlich zum Tod verurteilt, kann fliehen und wird begnadigt. Gut, dass die Königin doch kein Unmensch ist.*

Die Öffentlichkeitsarbeit der königlichen Familie ist in Wahrheit seit Jahrhunderten über diese Frage hinaus. Dass die Queen als öffentliche Figur zwar die Monarchin, aber nicht die Herrin über ihr eigenes Image ist, gilt seit der Einführung der Monarchie – über Herrschende wird geredet und geschimpft, sie werden karikiert und verherrlicht, fiktionalisiert, verniedlicht und zu Heldinnen und Helden stilisiert. Die Öffentlichkeit ist jener Schauplatz, wo sich sogar die Königin zu unterwerfen hat – oder, wie Elizabeth II. das in den meisten Fällen tut, vornehm dazu zu schweigen. So etwa, wenn ihr in der boshaften, traditionsreichen Handpuppen-Satireshow „Spitting Image" schräge Verhaltensweisen und Tränensäcke wie eine Bulldogge angedichtet werden oder wenn in der „The Simpsons"-Folge „The Regina Monologues" Homer Simpson einer gelbgesichtigen Version der Queen amerikanisch-demokratisch mit dem

**Die Queen beherrscht das Spiel mit popkulturellen Codes überraschend souverän**

billigen Mietwagen in die königliche Kutsche reinfährt und am Ende in ihrem Schlafzimmer landet.

Das Königshaus schweigt jedoch nicht nur, sondern bestimmt die Inszenierung des eigenen Bildes in der Öffentlichkeit mit – nicht erst seit der Krönung von Elizabeth II., die 1953 im Fernsehen übertragen wird – und in den letzten Jahren immer intensiver. Die Queen nimmt auf diese Weise auch ihre Verantwortung ihrem Volk gegenüber wahr, nicht zuletzt auf unzähligen strapaziösen Reisen in das Commonwealth, wo sie sich pflichtbewusst vor Ort zu zeigen und fotografieren zu lassen hat, um den Zusammenhalt mit der britischen Krone durch ihre Anwesenheit zu bekräftigen. Zusätzlich zur politischen Funktion dieser Bilderproduktion entwickelt sich Elizabeth II., entlang der Ausbreitung visueller Medien im Laufe ihrer langen Regentschaft, auch zu einer popkulturellen Ikone.

*James Bond (Daniel Craig, oben) holt seine Queen ab, um mit ihr per Fallschirm über dem Stadion abzuspringen: Die Eröffnung der Olympischen Spiele 2012 hätte nicht schöner mit britischen Klischees spielen können – und die jung gebliebene Majestät macht augenzwinkernd mit. Am Filmset von „Game of Thrones" (unten) in Belfast beweist die Queen Thron-Expertise: Immer wieder zielen öffentliche Termine der Queen darauf ab, ihre popkulturelle Relevanz zu zeigen.*

*2016 bekommt Pu der Bär eine royale Freundin: In dem Kinderbuch „Winnie-the-Pooh Meets the Queen" trifft der kleine Bär die Königin an ihrem 90. Geburtstag – denn auch Pu feiert 2016 seinen 90sten –, und schließlich soll auch der britische Nachwuchs die Monarchie weiter gut finden.*

Anstatt jedoch diesen Status zu bekämpfen, der ihr Punk-Plattencover ebenso wie Auftritte an der Seite von Pu dem Bären beschert hat, trägt sie ihn längst mit Würde und Humor: 2012 etwa kauft sie zum Diamantjubiläum ihrer Krönung für die königliche Sammlung Porträts von sich selbst, aus einer Serie von Porträts regierender Königinnen von Andy Warhol.

Wie professionell die Queen und ihr Team die entsprechenden Gepflogenheiten der jeweiligen Plattformen und Kontexte nutzen, ist beeindruckend: Ein virales Twitter-Video aus dem Jahr 2016 zeigt, dass Präsident Barack Obama an Prinz Harry und dessen Oma eine Challenge anlässlich der Invictus Games schickt. Die Queen quittiert die Challenge im Video mit einem ironischen „Oh, really? Please!", Harry beendet die Antwort mit einem Mic Drop – für eine 90-jährige Dame ein überraschend souveränes Spiel mit popkulturellen Codes. Ein anderes Beispiel ist die Eröffnung der Olympischen Spiele 2012 in London, bei dem sie an der Seite von James-Bond-Darsteller Daniel Craig auftritt. „Da ist ein enormes Bildbewusstsein da, das nicht nur jeweils die zeitgenössischen Bildmedien, sondern auch die Inszenierung von Celebrity mitdenkt", analysiert Bernhardt. „Was ist populärkulturell gerade relevant, was ist anschlussfähig, wie kann ich die Queen und das Königshaus so zeigen, dass sie nicht als uninformiert oder unmodern dastehen?"

Dem Social-Media-Team der Royals gelingt hier eine Aufgabe, die für eine so uralte Institution wie das britische Königshaus besonders heikel zu bewerkstelligen ist. Soziale Medien sind ein

**Social Media gibt berühmten Menschen Autonomie über ihr Bild zurück**

hartes Pflaster – aber können eine ungemein wichtige Rolle dabei spielen, berühmten Menschen die Autonomie über ihr eigenes Bild zurückzugeben. Wenn ein Star, eine Prinzessin, eine Königin ihr eigenes Privatleben auf Instagram so kuratiert, wie es sie selbst will, wird ein Foto von ihrem Privatleben auf dem Regenbogenpresse-Markt nicht mehr so viel wert sein. Damit das funktioniert, braucht es genaue Kenntnis der Social-Media-Gebräuche und des jeweiligen Publikums – doch wem es gelingt, der kann sich die Hyänen mit gezielten Futtergaben vom Leib halten. Der Gedanke drängt sich auf: Hätte Diana Spencer nach ihrer Trennung von Charles die sozialen Medien und dazu noch ein kompetentes Team zur Verfügung gehabt, um selbstbestimmt über ihr Privatleben Auskunft zu geben, wäre die Auslieferung an die Öffentlichkeit nie so total gewesen – und sie wäre womöglich nie in diesem unglückseligen Tunnel in Paris von Paparazzi zu Tode gejagt worden.

Es wird spannend zu sehen, wie „The Crown" diese komplizierte Beziehung zur Öffentlichkeit weitererzählt – denn die Metaebene imagepolitischer Überlegungen ist schon von der ersten Staffel an wesentlicher Teil der Serie. Ohne die Öffentlichkeit, ohne das Volk hat das Königshaus seinen Zweck verloren, und „The Crown" vermittelt immer wieder verständlich die Notwendigkeit solcher Inszenierungen und die damit verbundenen Prozesse. Die Queen wird sich jedenfalls, solange sie existiert, auf eine zeitgemäße Art selbst weitererzählen – und ihre Untertanen werden dabei viel mitreden. ✳

## LIEBE LESERIN, LIEBER LESER,

kurz vor ihrem 95. Geburtstag und nach bald 70 Jahren auf dem Thron steht Queen Elizabeth vor einer der größten Herausforderungen in ihrer langen Geschichte: Enkel Prinz Harry und seine Frau Meghan Markle haben sich während eines zweistündigen Interviews mit Amerikas großem Talkshow-Urgestein Oprah Winfrey bitter über das Königshaus beklagt, es geht um nichts weniger als Rassismus und mangelnde Unterstützung. Und was tut die Queen? Reagiert sie so, wie es das königliche Motto „never complain, never explain" vorgibt? Nein, mit ihrem sensiblen Gespür dafür, wann sie nicht nur als Staatsoberhaupt, sondern vor allem als Großmutter gefordert ist, antwortet sie mit aufrichtigem Verständnis und der Zusicherung, dass, egal was passiert, Harry, Meghan und Archie immer „geliebte Mitglieder der Familie" bleiben werden.

Wiederholt sich hier die Geschichte? Lassen sich Parallelen zwischen Harry und Meghan sowie König Edward und Wallis Simpson oder zu dem zum Ende hin tragischen Leben von Prinzessin Diana ziehen?

Wir laden Sie ein auf eine Reise durch das Leben der nunmehr am längsten regierenden Monarchin der Welt. Wir erzählen ihre Geschichte mit seltenen Bildern, wissenswerten Details und exklusiven Interviews. Und wir werfen in einem großen Extra einen Blick hinter die Kulissen der angesagten Kult-Serie „The Crown". Drehbuchautor Peter Morgan lässt uns am Entstehen seiner Arbeit teilhaben, eine Historikerin verrät uns, wie Filme unser Geschichtswissen prägen – und auch, dass die Königin in ihrem hohen Alter noch eine echte „Queen of Pop" ist, erfahren Sie hier. Ich wünsche Ihnen viel Spaß bei der Lektüre!

*Nicole Kleinhammer*
Chefredakteurin

# QUEEN ELIZABETH II

*– Vorderer Teil –*

## INHALT

# THE CROWN

*– Hinterer Teil –*

## INHALT

## IMPRESSUM
### THE ROYAL COLLECTOR'S EDITION

Ein Titel der Funke Mediengruppe
FUNKE ONE GMBH
Jakob-Funke-Platz 1
45127 Essen

**Chefredakteurin**
Nicole Kleinhammer (V.i.S.d.P.)
nicole.kleinhammer@funkeone.de

**Art-Direktorin**
Liliana Trinca

**Korrektur**
Lektornet GmbH

**Geschäftsführer**
Andreas Schoo, Christoph Rüth,
Michael Wüller, Christian Siebert

**Herstellung**
Jutta Eckebrecht

**Druck**
NEEF + STUMME GmbH
Schillerstraße 2
29378 Wittingen

**Vertrieb**
Gesamtvertriebsleitung:
Andreas Klinkmann

**Einzelhandel**
MZV Moderner Zeitschriften
Vertrieb
GmbH & Co. KG
Ohmstraße 1
85716 Unterschleißheim

**Objektleiter**
Immo Riege

**Titelfoto**
Yousuf Karsh/Camera Press/
Picture Press/ddp

**Fotos**
Getty Images, DDP,
Visum, Shutterstock, DPA.

Wir bedanken uns bei Netflix
für die freundliche Unterstützung.

**Chief Product Officer**
Sebastian Kadas

**ISBN:** 978-3-95856-135-9

# Das Haus Windsor
## STAMMBAUM

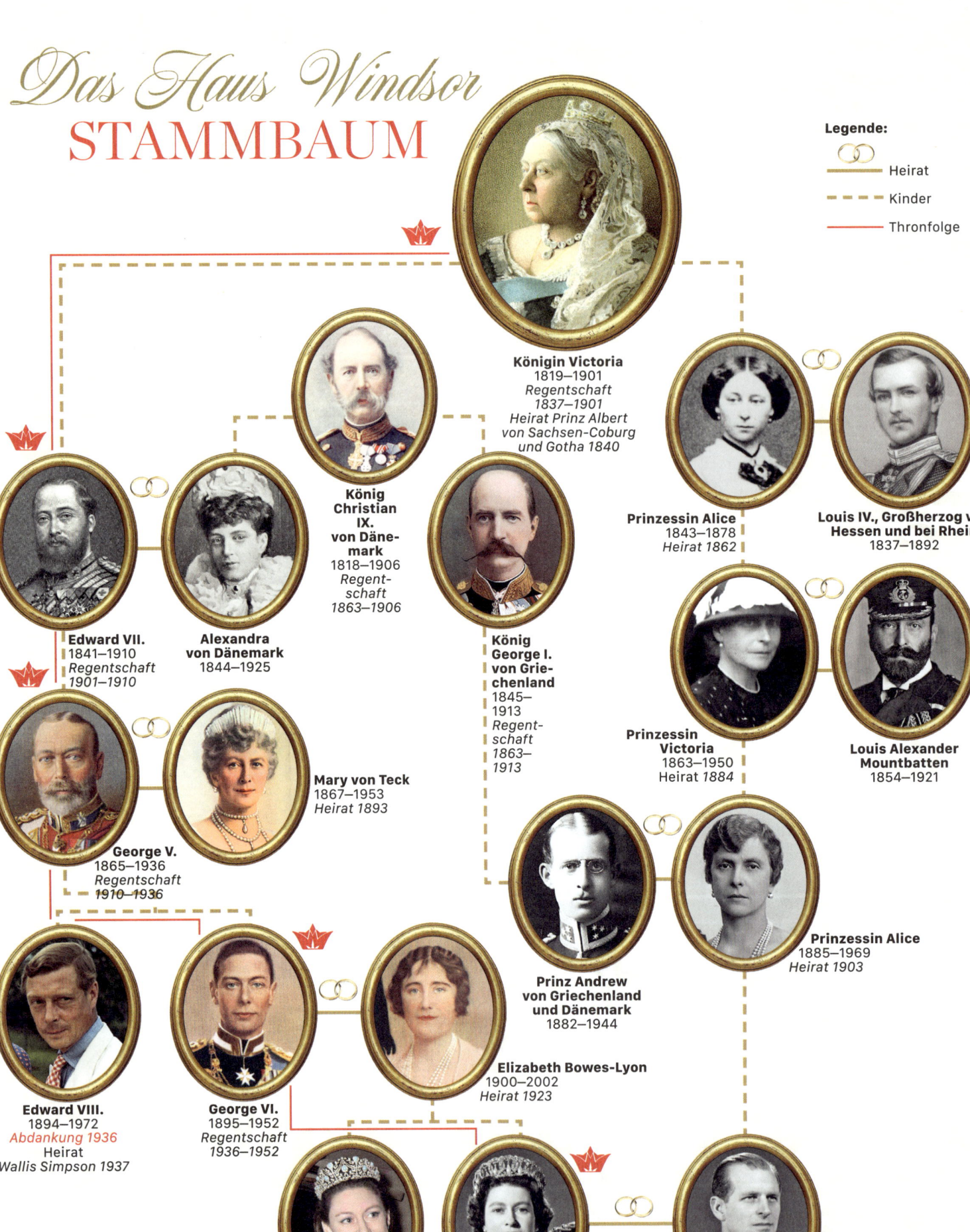

Königin Victoria
1819–1901
*Regentschaft
1837–1901
Heirat Prinz Albert
von Sachsen-Coburg
und Gotha 1840*

König
Christian
IX.
von Däne-
mark
1818–1906
*Regent-
schaft
1863–1906*

König
George I.
von Grie-
chenland
1845–
1913
*Regent-
schaft
1863–
1913*

Prinzessin Alice
1843–1878
*Heirat 1862*

Louis IV., Großherzog von
Hessen und bei Rhein
1837–1892

Edward VII.
1841–1910
*Regentschaft
1901–1910*

Alexandra
von Dänemark
1844–1925

Prinzessin
Victoria
1863–1950
*Heirat 1884*

Louis Alexander
Mountbatten
1854–1921

George V.
1865–1936
*Regentschaft
1910–1936*

Mary von Teck
1867–1953
*Heirat 1893*

Prinz Andrew
von Griechenland
und Dänemark
1882–1944

Prinzessin Alice
1885–1969
*Heirat 1903*

Edward VIII.
1894–1972
*Abdankung 1936*
Heirat
*Wallis Simpson 1937*

George VI.
1895–1952
*Regentschaft
1936–1952*

Elizabeth Bowes-Lyon
1900–2002
*Heirat 1923*

Prinzessin Margaret
1930–2002
*Heirat Antony
Armstrong-Jones 1960*

Queen Elizabeth II.
1926–
*Regentschaft 1952–heute*

Philip, Herzog von
Edinburgh
1921–
*Heirat 1947*

**Legende:**
⚭ Heirat
- - - Kinder
— Thronfolge

# Das Haus Windsor
## STAMMBAUM

**Diana, Prinzessin
von Wales**
1961–1997
*Heirat 1981
Scheidung 1996*

**Prinz Charles**
1948–

**Camilla, Herzogin
von Cornwall**
1947–
*Heirat 2005*

**Queen Elizabeth II.**
1926–
*Regentschaft
1952–heute*

**Mark Phillips**
1948–
*Heirat 1973
Scheidung 1992*

**Prinzessin Anne**
1950–

**Timothy Laurence**
1955–
*Heirat 1992*

**Philip, Herzog von
Edinburgh**
1921–
*Heirat 1947*

**Prinz Andrew**
1960–

**Sarah, Herzogin von York**
1959–
*Heirat 1986
Scheidung 1996*

**Prinz Edward**
1964–

**Sophie, Gräfin von Wessex**
1965–
*Heirat 1999*

**Prinz William,
Herzog von Cambridge**
1982–

**Catherine,
Herzogin von Cambridge**
1982–
*Heirat 2011*

**Prinz George
von Cambridge**
2013–

**Prinzessin
Charlotte von
Cambridge**
2015–

**Prinz Louis
von Cambridge**
2018–

**Harry,
Herzog von Sussex**
1984–

**Meghan,
Herzogin von Sussex**
1981–
*Heirat 2018*

**Archie Harrison**
2019–

**Peter Phillips**
1977–

**Autumn Phillips**
1978–
*Heirat 2008
Trennung 2020*

**Savannah
Phillips**
2010–

**Isla Elizabeth
Phillips**
2012–

**Zara Phillips**
1981–

**Mike Tindall**
1978–
*Heirat 2011*

**Mia Grace
Tindall**
2014–

**Lena Elizabeth
Tindall**
2018–

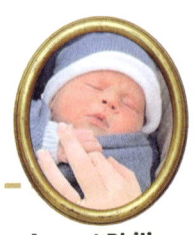

**Prinzessin Beatrice**
1988–

**Edoardo Mapelli Mozzi**
1983–
*Heirat 2020*

**August Philip
Hawke
Brooksbank**
2021–

**Prinzessin Eugenie**
1990–

**Jack Brooksbank**
1986–
*Heirat 2018*

**Lady Louise Windsor**
2003–

**James, Viscount Severn**
2007–

## In der Gegenwart

**Legende:**

 Heirat

Kinder

Thronfolge

9

# MIT DER S-BAHN NACH POTSDAM

Als Queen Elizabeth zum ersten Mal nach Deutschland kommt, ist sie seit elf Jahren Königin, die Hauptstadt der BRD heißt noch Bonn, Kanzler ist Ludwig Erhard. Der Zweite Weltkrieg ist erst knapp 20 Jahre her, die Reise eine Geste der Versöhnung – und der Empfang euphorisch

Die Queen und Deutschland – dieses Verhältnis ist vielschichtig. Wie ihr Mann Philip Mountbatten (der anglisierte Familienname Battenberg der britischen Familie seiner Mutter) hat sie deutsche Vorfahren. Das allein zeigt, dass Staatsbesuche von Königin Elisabeth II. in Deutschland für sie keine Besuche wie jeder andere sind. Es ist eine Reise zu ihren Wurzeln.

Eigentlich muss man sogar schon sehr weit zurückgehen, um einen richtigen Engländer auf dem Thron zu finden. Denn bereits 1714 schwingt Kurfürst Georg Ludwig von Hannover das Zepter. In seinen 13 Jahren als König George I. lernt er auch nie wirklich Englisch. Der zeitweise verwirrte George III. blieb vor allem dafür in Erinnerung, dass er einmal eine Eiche als König von Preußen ansprach.

Bis ins 20. Jahrhundert sucht sich die Königsfamilie ihre Partner im deutschen Adel. So heiratet Königin Victoria 1840 Prinz Albert von Sachsen-Coburg und Gotha. Zu seinem bleibenden Erbe gehört der deutsche Christbaum. Bis zum heutigen Tag packt die Königsfamilie ihre Geschenke an Heiligabend aus und nicht erst nach britischer Sitte am Morgen des ersten Weihnachtstages. Für manche Boulevardzeitung grenzt das fast schon an Landesverrat.

Aufgrund der deutschen Abstammung und der Verwandtschaft der königlichen Familie mit einem regierenden landesfürstlichen Haus des deutschen Kaiserreichs wächst der innenpolitische Druck während des Ersten Weltkrieges mit der Folge, dass König George V. am 17. Juli 1917 den anglisierten deutschen Namen Saxe-Coburg and Gotha, den die Familie seit 1840 trug, in den jetzigen Namen Windsor ändert.

Als Kind erlebt Elizabeth die deutschen Bombenangriffe auf London und grüßt 1940 in ihrer ersten Rundfunkansprache ihre Altersgenossen, die aus den Städten evakuiert worden sind. Und auch ihre große Liebe Philip ist nicht unumstritten: Er wächst zum Teil sogar am Bodensee auf und spricht Deutsch. Seine Schwestern sind mit deutschen Adligen verheiratet, die Verbindungen zu den Nationalsozialisten hatten. Sie werden deshalb auch nicht zur Hochzeit im November 1947 eingeladen. Auch Elizabeth's Mutter soll sich anfänglich gegen die Vermählung ausgesprochen und Philip als „Hunnen" (ein englisches Schimpfwort für Deutsche) bezeichnet haben. Als die Queen 1992 mit Philip zu ihrem dritten Staatsbesuch nach Deutschland kommt, ist dies auch ein Anlass für ein großes Verwandtentreffen. ✳

TEXT: MARLIES FISCHER

**1965**

➤ Am 18. Mai 1965 kommt die Queen am Flughafen Köln-Bonn an und wird vom damaligen Bundespräsidenten Heinrich Lübke und seiner Frau Wilhelmine in der Villa Hammerschmidt in Bonn empfangen. Für Deutschland ist es der erste Staatsbesuch eines britischen Monarchen seit 1909. „Es war wie im Märchen – nur war alles viel schöner, denn alles war Wirklichkeit." So schreibt das „Hamburger Abendblatt", als Königin Elisabeth II. und Prinz Philip für zwölf Stunden Hamburg besuchen. 70.000 Menschen auf dem Rathausmarkt jubeln ihnen auf dem Rathausbalkon zu. Tausende säumen den Klosterstern, als die Queen im offenen Wagen vorbeifährt. Die Kinder haben schulfrei. 20 Termine absolvieren die Majestäten in der Hansestadt. Als die königliche Jacht „Britannia" am Abend Hamburg verlässt, stehen mehr als 200.000 Menschen am Elbufer. Nach den Nationalhymnen spielt das Marine- und Polizeimusikkorps auch noch „Muss i denn, muss i denn zum Städtele hinaus". Die „Times" schwärmt von einem unvergesslichen Abschied.

**1978**

**1987**

◆·◆· Oben: Im Mai 1978 steht der zweite Staatsbesuch auf dem Programm. Königin Elisabeth II. und Prinz Philip reisen nach Berlin, Bonn, Mainz, Kiel und Bremen. Der damalige Bundespräsident Walter Scheel und seine Frau Mildred geben für die Queen und ihren Gatten am 22. Mai 1978 ein großes Dinner auf Schloss Augustusburg in Brühl. Die Berichte klingen nach weniger Aufregung. Die Queen besucht zwischen Bonn und Bremen eine Schau von holsteinischen Zuchtpferden in Gut Schierensee bei Kiel. In Berlin hält sie an der Gedächtniskirche eine Ansprache vor 40.000 Menschen und macht einen Spaziergang auf dem Kurfürstendamm. In Berlin nimmt die Queen am 24. Mai 1978 eine Parade zu Ehren ihres Geburtstages ab. Es ist das erste Mal, dass die Zeremonie außerhalb Londons stattfindet. Unten: Nicht immer ist es das ganz große Protokoll, wenn die Queen nach Deutschland kommt. Sie schaut öfter bei ihren Soldaten vorbei. Nicht ein Staatsbesuch, sondern der 750. Geburtstag der Stadt führt sie 1987 nach Berlin.

**1990**

**1992**

●─▸●Oben: Mitglieder des britischen Königshauses statten dem britischen Militärstützpunkt Laarbruch mehrfach Besuche ab. Prinz Philip ist dreimal auf Laarbruch zu Gast, Prinz Charles einmal. Der absolute Höhepunkt ist allerdings im November 1990 der Besuch von Queen Elizabeth II. Unten: 1992 ist für Elizabeth ein schreckliches Jahr, das „Annus horribilis": Windsor Castle brennt, Charles und Diana sind in der Ehekrise. Besser hat sie wahrscheinlich ihren dritten Staatsbesuch in Deutschland, kurz nach der Wiederver-einigung, in Erinnerung. Beim Bankett im Brühler Schloss Augustusburg bekennen sich Elisabeth II. und Bundespräsident Richard von Weizsäcker zu Europa. Unter den Gästen ist auch Tennisprofi Boris Becker mit seiner damaligen Freundin Barbara Feltus. Am Brandenburger Tor betritt die Queen in Begleitung des Bundespräsidenten und des regierenden Bürgermeisters Eberhard Diepgen erstmals ostdeutschen Boden. In Bonn trifft sie Bundeskanzler Helmut Kohl in dessen Bungalow.

**2000**

**2004**

➤•➤ Oben: Im Juli 2000 wird der Neubau der britischen Botschaft in der Wilhelmstraße in Berlin offiziell eingeweiht. Es ist das erste Mal in der Geschichte des Königreiches, dass eine Regentin höchstpersönlich eine Auslandsvertretung eröffnet. Die Botschaft nahe dem Brandenburger Tor ist an historischer Stelle errichtet worden. Dort stand sie schon einmal. Die alte Botschaft wurde jedoch im Zweiten Weltkrieg zerstört. Unten: Beim vierten Staatsbesuch im November 2004 reist Elizabeth drei Tage durchs Land, besucht unter anderem Berlin, Potsdam und Düsseldorf. Der damalige Bundeskanzler Gerhard Schröder empfängt Königin Elisabeth II. und Prinz Philip in Berlin. Die Queen klingt dabei fast schon wie eine Touristin: „Jedes Mal, wenn ich nach Berlin komme, bin ich aufs Neue erstaunt, wie sich die Stadt verändert", sagt sie beim Staatsbankett. In einem Panoramazug der S-Bahn fährt sie nach Potsdam. In Düsseldorf wird die Queen mit amüsierter Miene bei einer Modenschau gesichtet.

**2015**

➤ Staatsbesuch Nummer fünf. Politisch bewegt beide Länder zu dieser Zeit vor allem, dass Großbritannien auf dem Weg zu einem Referendum über die EU-Mitgliedschaft ist. Während ihres ersten Aufenthalts in Frankfurt besichtigt sie die Paulskirche und trägt sich ins Goldene Buch der Stadt ein. Auf eigenen Wunsch besucht sie das ehemalige Konzentrationslager Bergen-Belsen. Es wurde im April 1945 von britischen Soldaten befreit, wenige Wochen zuvor starb dort Anne Frank. 20 Minuten hat Elizabeth II. in der Gedenkstätte, um einen Kranz niederzulegen und mit Veteranen sowie ehemaligen Häftlingen zu sprechen. Am Brandenburger Tor steht ein kleiner Rundgang auf dem Programm, ein „Walkabout" und ein Besuch bei Angela Merkel im Kanzleramt. Gute Chancen, die Queen zu sehen, bieten sich am Ufer der Spree, als sie eine Schifffahrt macht. Auf eine Einladung des britischen Botschafters Simon McDonald hin feiern 600 Gäste den Geburtstag der Queen auf einer Gartenparty nach. 50 Liter Gin-Likör stehen dafür bereit.

# EINE BEZAUBERNDE KINDHEIT

Als junges Mädchen liebt Prinzessin Lilibeth nichts mehr, als im Freien zu spielen und auf Ponys zu reiten – und sie hätte sich ganz bestimmt nicht vorstellen können, dass sie jemals Monarchin sein würde

„Wir haben uns schon lange ein Kind gewünscht, um unser Glück zu vervollständigen", das schreibt der Duke of York, als seine Erstgeborene, Prinzessin Elizabeth Alexandra Mary, benannt nach ihrer Mutter, Großmutter bzw. Urgroßmutter, am 21. April 1926 um 2.40 Uhr in der Bruton Street 17 im Londoner Stadtteil Mayfair geboren wird. Als erste Enkelin von George V. soll sie den notorisch streitsüchtigen König mit ihrem gewinnenden Lächeln, ihren blonden Locken und ihrem ausgesprochen sonnigen Gemüt bezaubert haben. Auch Winston Churchill bemerkt früh, dass das kleine Mädchen etwas ganz Besonderes sei, bereits als Zweijährige Autorität und Nachdenklichkeit ausstrahle und Persönlichkeit habe, was für ein Kind erstaunlich sei. Ihre Cousine Margaret Rhodes beschreibt Queen Elizabeth als „munteres kleines Mädchen, aber grundsätzlich vernünftig und artig".

Die junge Prinzessin ist die Dritte in der Thronfolge, und niemand erwartet, dass Elizabeth eines Tages Königin werden würde. Dennoch bekommt sie eine sehr königliche Erziehung, da Elizabeth von Kindermädchen und Gouvernanten aufgezogen wird, während ihre Eltern – Elizabeth Bowes-Lyon und Prinz Albert („Bertie") York – mit offiziellen Aufgaben beschäftigt sind. Die zweite Tochter, Prinzessin Margaret, folgt vier Jahre später, geboren am 21. August 1930 auf dem Familiensitz ihrer Mutter, Glamis Castle – das erste königliche Baby, das seit 1600 in Schottland geboren wird. Die beiden Prinzessinnen sind von Beginn an unzertrennlich.

In London lebt die Familie in der Piccadilly 145 und wählt die Royal Lodge im Windsor Great Park als ihren Rückzugsort auf dem Land. Dort verliebt sich Elizabeth auch in den ersten Corgi der Familie, Dookie, in die freie Natur und das Reiten. Doch das soll sich alles ändern …

Im Jahr 1936 dankt Prinzessin Elizabeths Onkel, König Edward VIII., nach nur 325 Tagen auf dem Thron ab und zieht „die Frau, die ich liebe", die geschiedene Amerikanerin Wallis Simpson, einem öffentlichen Amt vor. Sein Bruder Bertie rückt ins Rampenlicht und wird zu König George VI. gekrönt. Seine Familie zieht unterdessen in den Buckingham Palace um. Berichten zufolge fragt Prinzessin Margaret ihre Schwester: „Bedeutet das, dass du Königin werden wirst?" Und Elizabeth antwortet ruhig: „Ja, ich nehme an, das tut es."

Hinter den Kulissen gibt es jetzt viel zu tun. Elizabeth muss auf das höchste Amt im Lande vorbereitet werden, und so wird ihre Ausbildung auf Staatsangelegenheiten ausgeweitet. Ihr natürlicher Fleiß und ihr angeborenes Pflichtgefühl helfen ihr dabei, der Aufgabe gewachsen zu sein. Den Großteil des Zweiten Weltkriegs verbringen die Teenager-Prinzessinnen auf Windsor Castle und treten 1945 dem Auxiliary Territorial Service bei, wo Elizabeth als Mechanikerin und Fahrerin mit großem Einsatz arbeitet, um die Kriegsanstrengungen zu unterstützen. Die Royals spielen eine wichtige Schlüsselrolle bei den Kriegsanstrengungen. Der Historiker und Biograf Philip Ziegler schreibt über König George VI.: „Das Bild des Königs im Krieg, das sich am stärksten einprägt, ist das eines schlanken, müden Mannes, der sich seinen Weg durch die Ruinen der einen oder anderen zerstörten Stadt bahnt … entschlossen, die Leiden seiner Untertanen zu teilen."

Als die begehrteste junge Frau Großbritanniens nach Ende des Zweiten Weltkrieges damit beginnt, Gesellschaftsbälle zu besuchen, glänzt sie auch hier – und das trotz der schweren Last der Erwartung, die auf ihren Schultern liegt. Es gibt keinen Zweifel daran, dass sie eine Königin im Werden ist. ✳

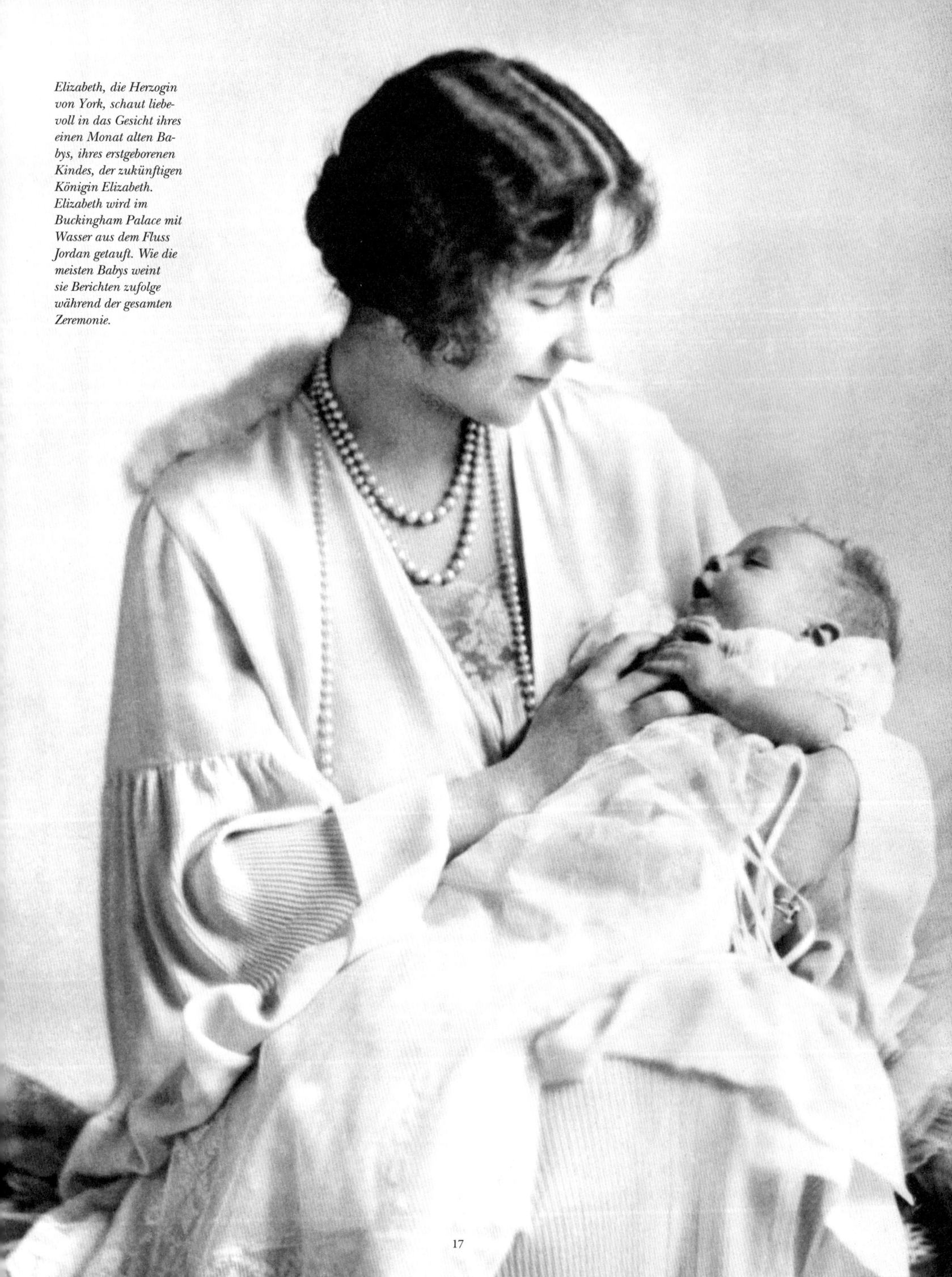

Elizabeth, die Herzogin
von York, schaut liebe-
voll in das Gesicht ihres
einen Monat alten Ba-
bys, ihres erstgeborenen
Kindes, der zukünftigen
Königin Elizabeth.
Elizabeth wird im
Buckingham Palace mit
Wasser aus dem Fluss
Jordan getauft. Wie die
meisten Babys weint
sie Berichten zufolge
während der gesamten
Zeremonie.

*König George VI. mit seiner Ehefrau Elizabeth Angela Marguerite Bowes-Lyon und ihren Kindern, den Prinzessinnen Margaret und Elizabeth, im Jahre 1937. Alle Königsfamilien wünschen sich für ihren Nachwuchs eine möglichst normale Kindheit, so auch Elizabeth's Mutter „Queen Mum", die der Meinung ist, dass eine Kindheit voller glücklicher Erinnerungen sein sollte, die man für schwere Zeiten aufbewahren kann. Sie hält wenig von Disziplin. Die junge Elizabeth liebt zum Beispiel sehr das Singen und Klavierspielen mit ihrer Schwester, sie liest so viele Pferdebücher wie möglich. Aber das ist auch schon in den 1930er-Jahren, als die heutige Queen unweit ihres Londoner Zuhauses im Park spielt, schwierig: Die Schwestern werden von Menschentrauben belagert und angestarrt.*

*Ganz oben: Die vierjährige Prinzessin Elizabeth spielt mit ihren Eltern, dem Herzog und der Herzogin von York, Puppenteepartys. Oben links: Prinzessin Elizabeth mit ihrem Onkel, dem Prince of Wales, dem späteren König Edward VIII., im September 1933, als sie während eines Besuchs des königlichen Anwesens in Balmoral von der Kirche zurückkehren. Die junge Prinzessin ist Berichten zufolge sehr angetan von ihrem lebensfrohen Onkel David, wie er in der Familie genannt wird. Seine nach damaligen Maßstäben skandalöse Liebe führt schließlich zu ihrer eigenen Thronbesteigung. Oben rechts: Eine freudige Königin Elizabeth mit ihrer älteren Tochter Prinzessin Elizabeth, die noch etwas skeptisch schaut, nach der Krönung von König George VI. auf dem Balkon des Buckingham Palace.*

Oben: Mit Margaret an ihrer Seite hält Prinzessin Elizabeth, 14, im Oktober 1940 ihre erste öffentliche Rede während einer Live-Radiosendung für das Kinderprogramm der BBC, angesprochen sind vor allem Evakuierte. Unten links: Die Familie vor Y Bwthyn Bach („Das kleine Haus"), dem strohgedeckten Miniaturhäuschen auf dem Gelände der Royal Lodge in Windsor, das Prinzessin Elizabeth zu ihrem sechsten Geburtstag vom walisischen Volk geschenkt bekam. Unten rechts: Die Schwestern in einer Pantomime von „Aladdin" im Jahr 1943, um Geld für den Krieg zu sammeln.

Um sich an den Kriegsanstrengungen zu beteiligen, wird die engagierte Prinzessin Elizabeth 1945 als Unteroffizierin in den Auxiliary Territorial Service aufgenommen. Sie lernt Fahren und Fahrzeugwartung. Hier ist sie beim Radwechsel an einem Armeelaster zu sehen.

*Oben und unten: In dieser Fotoserie, die im Juli 1946, als sich die Menschen wieder auf die Friedenszeit konzentrieren und England den Sommer genießt, aufgenommen wird, erhalten die Untertanen einen aufschlussreichen Blick auf „Uns vier", wie der König seine Familie liebevoll nennt. König George VI. und Königin Elizabeth entspannen sich mit ihren Töchtern Elizabeth und Margaret in den Gärten der Royal Lodge in Windsor. Die Gärten gehören zur Windsor-Residenz, die von Königin Elizabeth, der Königinmutter, von 1952 bis zu ihrem Tod im Jahr 2002 bewohnt wird.*

*Prinzessin Elizabeth glücklich, selbstbewusst und entspannt im Austausch mit ihrem Vater im Jahr 1946. Um diese Zeit beginnt die verliebte Elizabeth, ihren Vater zu überreden, sie Prinz Philip von Griechenland heiraten zu lassen. Der König ist zunächst zurückhaltend, aber vielleicht sind es gewinnende Gespräche wie dieses, die ihn schließlich zu der ein Jahr später verkündeten Liebesheirat bewegen.*

# JUNG UND VERLIEBT

Prinzessin Elizabeth hat keinen Zweifel: Mit 13 Jahren
trifft sie ihren Prince Charming. Das ist
der Mann, mit dem sie ihr Leben verbringen will

Alles geht auf das Jahr 1939 zurück, als König George VI. und Königin Elizabeth das Royal Naval College in Dartmouth im Südwesten Englands besuchen. An ihrer Seite die beiden jungen Prinzessinnen Elizabeth und Margaret. Das College wählt einen seiner Besten, einen smarten 18-jährigen Marineoffizier namens Philip Mountbatten als Begleiter für die Prinzessinnen aus. Überliefert ist, dass sich die 13-jährige Prinzessin Elizabeth Hals über Kopf in ihren entfernten Cousin verliebt – die Gouvernante Marion „Crawfie" Crawford bemerkt, dass ihr Schützling „seine Augen nie von ihm abwenden konnte". Von diesem Treffen an korrespondieren die beiden miteinander. Es heißt auch, dass sie ein gerahmtes Foto von ihm neben ihrem Bett aufbewahrt.

Die junge Prinzessin Elizabeth will ihre große Liebe heiraten, trotz der Bedenken der Briten wegen Philips deutscher Herkunft. Er stammt aus dem Haus Schleswig-Holstein-Sonderburg-Glücksburg. Er wird auf der Insel Korfu geboren. Als er 18 Monate alt ist, geht seine Familie nach Frankreich ins Exil. Wie Elizabeth ist er ein Ur-Ur-Enkel von Königin Victoria, was sie zu Cousins dritten Grades macht. Während er in seiner Jugend von englischen Verwandten aufgenommen wird, heiraten seine vier Schwestern alle deutsche Prinzen. Drei seiner Schwager treten sogar der NSDAP bei. Viele von Philips neuen Landsleuten sind misstrauisch gegenüber der königlichen Verbindung; wie eine Zeitungsumfrage ergibt, sind 40 Prozent der Leser sogar dagegen. Doch die Liebe und Anziehungskraft zwischen der schönen Prinzessin und dem schneidigen Marineoffizier ist für alle sichtbar. Philip wird als „blonder griechischer Apollo", als „gut aussehend wie ein Filmstar" und sogar als „Wikinger" beschrieben. Tatsächlich haben sich die beiden sogar schon früher kennengelernt – 1934 bei der Hochzeit von Prinz Philips Cousine, Prinzessin Marina von Griechenland und Dänemark, mit dem Herzog von Kent, einem Onkel von Prinzessin Elizabeth.

Nach dem Zweiten Weltkrieg gewährt die englische Marine häufigere Heimaturlaube, sodass sich das verliebte Paar in London treffen kann. Philip Eade, Autor des Buches „Prince Philip: The Turbulent Early Life of the Man Who Married Queen Elizabeth II", schreibt, dass die Gouvernante Marion Crawford beobachtete, wie Philips schwarzer MG-Sportwagen auf dem Vorplatz des Buckingham-Palastes vorfährt und der Prinz „ohne Hut" und „immer in Eile, um Lilibeth zu sehen", herausklettert. Er fügt hinzu, dass „Crawfie" auch verriet, dass Elizabeth beginnt, mehr Aufwand mit ihrem Aussehen zu betreiben und mehrfach hintereinander die Melodie von „People Will Say We're In Love" aus dem Musical „Oklahoma!" zu spielen anfängt. Kumpels von Philip bemerken, dass er an Wochenenden auf dem Land immer einen abgenutzten Lederfotorahmen mit einem Bild von Elizabeth bei sich hat.

Der Prinz macht der 20-Jährigen im September 1946 einen Antrag. Der König, besorgt, dass seine Tochter zu jung sei, besteht darauf, dass das Paar mit der Heirat wartet, bis Elizabeth ihre offiziellen Pflichten mit der königlichen Familie auf einer Reise nach Südafrika erfüllt hat. Die Monate der Trennung ändern nichts an ihren Gefühlen, am 10. Juli 1947 verloben sich Elizabeth und Philip offiziell. Philip hat vielleicht als Kind knausern müssen, aber der Verlobungsring aus Platin, den er seiner Verlobten schenkt, enthält Diamanten aus einem Diadem, das seiner Mutter, Prinzessin Alice von Griechenland, gehört. Es ist ein Geschenk von Zar Nikolaus II. und Zarin Alexandra von Russland, den letzten Romanow-Herrschern, was es zu einem historisch bedeutenden Geschenk und einem wahren Siegel der Liebe macht. ✳

*Auch wenn einige könig-
liche Berater meinen,
Prinz Philip sei ein Prinz
ohne Heimat und König-
reich und damit nicht
gut genug für sie, steht
Prinzessin Elizabeth fest
an seiner Seite.*

Als eine 13-jährige, erlebnishungrige Prinzessin Elizabeth mit ihren Eltern, Königin Elizabeth und König George VI., und ihrer jüngeren Schwester, Prinzessin Margaret, mit dem Boot am Royal Naval College in Dartmouth (oben) ankommt, erweist sich dies als ein entscheidender Moment. Ihre Eskorte ist der attraktive Marineoffizier Prinz Philip von Griechenland und Dänemark; die Prinzessin lässt ihre Augen nicht mehr von dem 18-jährigen Prinzen – und der Rest ist Geschichte. Rechts: Sechs Tage nach Bekanntgabe der Verlobung tanzt das Paar am 16. Juli 1947 bei einem Ball in den Assembly Rooms in Edinburgh zum ersten Mal in der Öffentlichkeit und stellt seine Liebe zur Schau. Prinz Philips Großvater mütterlicherseits ist Prinz Louis von Battenberg alias Louis Alexander Mountbatten.

Aus „Wir vier" werden fünf, als Prinz Philip in die königliche „Firma" eintritt und das baldige Ehepaar als die neuen „jungen Wilden" der Monarchie in den Mittelpunkt rückt. Hier posieren sie für ein offizielles Porträt, das 1947 im Buckingham-Palast aufgenommen wird und Teil einer Serie von Fotos mit der Familie ist. Dies ist auch der Beginn von Prinzessin Elizabeths zukünftigem Leben mit den Pflichten einer englischen Thronfolgerin. Sie ahnt nicht, dass sie nur wenige Jahre später Königin Elizabeth II. werden und Prinz Philip seine Karriere bei der Marine aufgeben wird, um an ihrer Seite zu sein.

*Mann und Frau. Mit strahlenden Augen schreitet Prinzessin Elizabeth mit ihrem gut aussehenden, blonden Prinzen den Gang der Westminster Abbey hinauf. Im Mittelpunkt: das juwelenbesetzte Hochzeitskleid und der wunderschöne Brautstrauß aus Orchideen.*

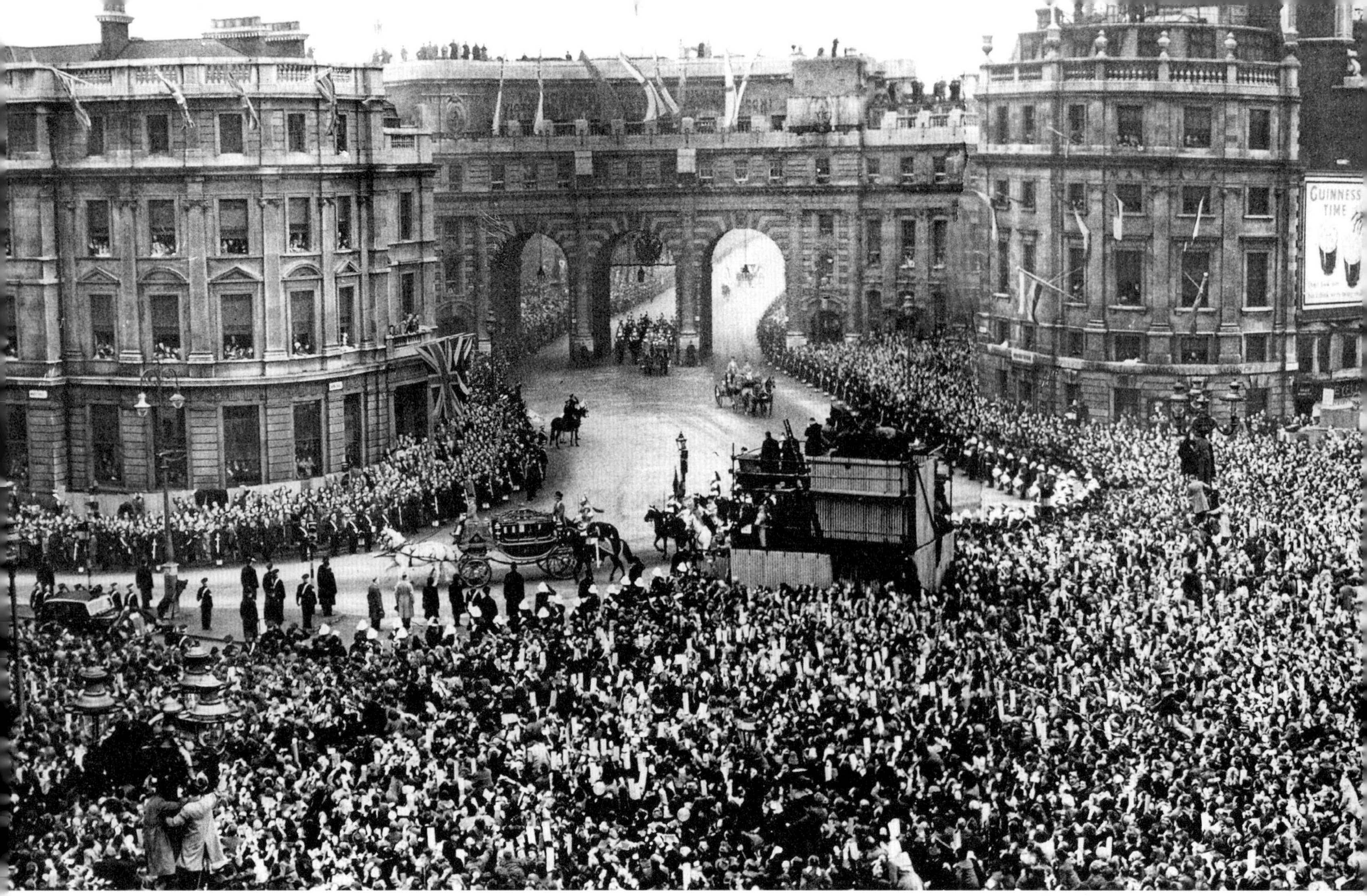

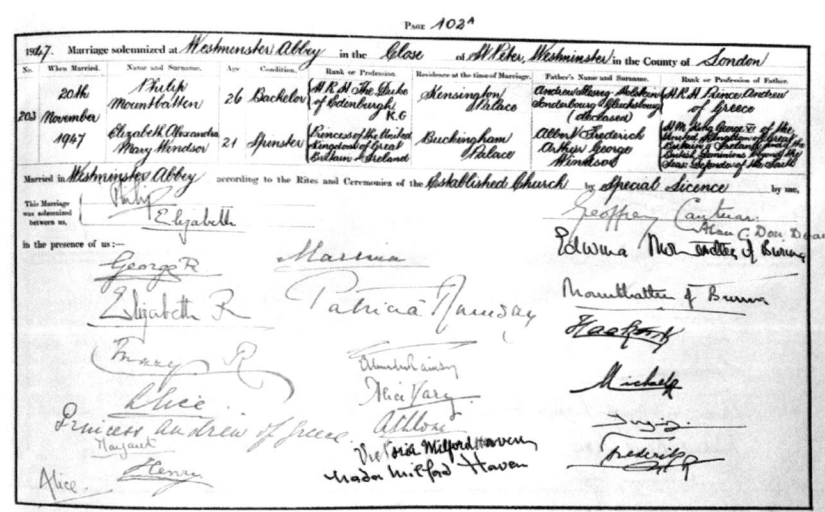

Oben: *Prinzessin Elizabeth auf dem Weg zur Hochzeit mit dem Herzog von Edinburgh in der Westminster Abbey. In Begleitung ihres Vaters, König George VI., fährt sie in der irischen Staatskutsche an einer großen Menschenmenge am Trafalgar Square vorbei. Rechts: die Hochzeitsurkunde.*

Page 102A

1947. Marriage solemnized at Westminster Abbey in the Close of St Peter, Westminster in the County of London

| No. | When Married. | Name and Surname. | Age | Condition. | Rank or Profession. | Residence at the time of Marriage. | Father's Name and Surname. | Rank or Profession of Father. |
|---|---|---|---|---|---|---|---|---|
| 203 | 20th November 1947 | Philip Mountbatten | 26 | Bachelor | H.R.H. The Duke of Edinburgh K.G. | Kensington Palace | Andrew Schleswig-Holstein Sonderbourg Glucksburg (deceased) | H.R.H. Prince Andrew of Greece |
| | | Elizabeth Alexandra Mary Windsor | 21 | Spinster | Princess of the United Kingdom of Great Britain & Ireland | Buckingham Palace | Albert Frederick Arthur George Windsor | H.M. King George VI of the United Kingdom of Great Britain & Ireland and of the British Dominions beyond the Seas: Defender of the Faith |

Married in Westminster Abbey according to the Rites and Ceremonies of the Established Church by Special Licence by me,

This Marriage was solemnized between us, Philip / Elizabeth — Geoffrey Cantuar: / Alan C. Don, Dean

in the presence of us:— George R, Marina, Edwina Mountbatten of Burma, Elizabeth R, Patricia Ramsay, Mountbatten of Burma, Mary R, Alice, Princess Andrew of Greece, Athlone, Margaret, Victoria Milford Haven, Nada Milford Haven, Helen, Frederik

*Prinzessin Elizabeth muss, wie jede andere junge englische Braut kurz nach dem Zweiten Weltkrieg auch, Rationierungsmarken für den Stoff ihres Kleides sammeln. Als „Spar-Hochzeit" bezeichnet, gewährt die Regierung 200 zusätzliche Kleidergutscheine für ihr von Sir Norman Hartnell entworfenes Kleid aus elfenbeinfarbener, mit Tausenden Perlen bestickter Seide. Die fast vier Meter lange, sternförmige Brautschleppe ist von einem Botticelli-Gemälde inspiriert. Der Brautschleier aus Tüll wird mit einer Diamant-Tiara gehalten, die 1919 für Queen Mary angefertigt wurde. Auf die Frage einer Zeitung an ihre Leser, ob „der Hochzeitstag der Prinzessin als erster Nachkriegsanlass gewählt werden sollte, um in Großbritannien die traditionelle Fröhlichkeit einer öffentlichen Galaveranstaltung wiederherzustellen", antworten mehr als 86 Prozent mit Ja. So ist es auch das erste Mal, dass Wochenschaukameras in der Westminster Abbey selbst zugelassen werden. Das Faszinierende an dieser königlichen Hochzeit ist, dass sie nicht ohne Pannen verläuft. Niemand kann zum Beispiel die weißen Orchideen und den Myrtenzweig für den Brautstrauß finden, bis sich ein Koch schließlich erinnert, dass er ihn in einen kühlen Raum gestellt hat, um ihn frisch zu halten. Auf dem Weg zur Zeremonie zerbricht das fragile Diamant-Diadem von Prinzessin Elizabeth, aber ihre Mutter, Königin Elizabeth, ruft in aller Ruhe den Hofjuwelier, um es zu reparieren. Und ein doppelter Perlenstrang, den die Prinzessin tragen soll – ein Geschenk ihrer Eltern – ist immer noch bei den Geschenken im St. James's Palace ausgestellt, also wird ihr Privatsekretär losgeschickt, um ihn zu holen. Das „sparsame" Hochzeitsfrühstück besteht übrigens aus einem Auflauf mit nicht rationierten Rebhühnern, dem Filet de Sole Mountbatten als Vorspeise und der Eisbombe Glacée Princess Elizabeth zum Dessert.*

Auch in ihrer Weihnachtsbotschaft 1965 betont Königin Elizabeth die Wichtigkeit der Familie: „Ich denke, wir sollten uns daran erinnern, dass trotz aller wissenschaftlichen Fortschritte und großer Verbesserungen in unserem materiellen Wohlstand die Familie der Mittelpunkt unserer Existenz bleibt." Neben allen offiziellen Pflichten ist die Königin eine zupackende Mutter. Und auch für Prinz Philip steht die Familie an erster Stelle: „Ich bin natürlich etwas voreingenommen, aber ich denke, unsere Kinder haben sich alle unter sehr schwierigen und anspruchsvollen Umständen ziemlich gut geschlagen, und ich hoffe, man kann mir verzeihen, wenn ich stolz auf sie bin."

### PRINZ CHARLES PHILIP ARTHUR GEORGE
### 14. NOVEMBER 1948

*Ein Jahr nach der Heirat begeistert Prinzessin Elizabeth die Nation mit der Geburt ihres Sohnes. Als er die freudige Nachricht hört, lässt Prinz Philip Champagnerkorken knallen. Menschenmengen füllen unterdes Londons Straßen, und die Springbrunnen am Trafalgar Square sprühen blaues Wasser, um die Ankunft eines königlichen männlichen Erben anzukündigen.*

### PRINZESSIN ANNE ELIZABETH ALICE LOUISE
### 15. AUGUST 1950

*Als ihre einzige Tochter geboren wird, nimmt das häusliche Leben mit zwei königlichen Kleinkindern seinen Lauf. Doch nur zwei Jahre später ändert sich das gemütliche Familienleben für immer, als der von der Prinzessin so sehr geliebte Vater George VI. stirbt und sie als Königin Elizabeth II. in eine neue Welt katapultiert wird.*

### PRINZ ANDREW ALBERT CHRISTIAN EDWARD
### 19. FEBRUAR 1960

*Nach ihrer Krönung bezieht die königliche Familie ihren traditionellen Wohnsitz im berühmt-berüchtigten Buckingham Palace. Hier wird Elizabeths drittes Kind geboren. „Ich erinnere mich, dass meine Mutter sich abends im Palast um Edward und mich kümmerte, allein, ganz glücklich. Es war eine richtige Familie… Sie war immer da", erzählt Prinz Andrew.*

### PRINZ EDWARD ANTONY RICHARD LOUIS
### 10. MÄRZ 1964

*Die Königin ist fast 38, als ihr viertes Kind geboren wird. Die Schwangerschaften der Königin mit Andrew und Edward sind die einzigen Male, in denen die Monarchin nicht an der Staatseröffnung des Parlaments teilnimmt. Obwohl sie für eine außerordentliche Arbeitsmoral bekannt ist, steht bei den letzten beiden Kindern die Mutterschaft definitiv an erster Stelle.*

*Oben links: In der Übergangszeit zwischen Thronbesteigung und ihrer Krönung im folgenden Jahr verbringt Königin Elizabeth II. im September 1952 einige kostbare Zeit beim Spielen mit ihren Kindern Charles und Anne auf Balmoral. Die beiden scheinen gerade einen Geheimeingang zum Schloss entdeckt zu haben. Nur das Rein- und Rausklettern müssen sie noch ein wenig üben ... Oben rechts: Eine entzückte Elizabeth gibt Sohn Charles 1952 auf dem Gelände von Schloss Balmoral in Schottland einen ersten Vorgeschmack auf das Fahren von Oldtimern, das zu einer seiner späteren großen Leidenschaft werden soll. Links: Auf einem seltenen Foto fährt eine strahlende Prinzessin Elizabeth ihre Kinder nach Windsor, sehr zur Freude der sich schnell einfindenden Menschenmenge und natürlich von Charles und Anne.*

*Ein Schnappschuss der Royals aus der historischen BBC-TV-Realityshow „Royal Family", die 1969 einen äußerst seltenen Einblick in ihr Privatleben bietet. Insbesondere Philip, Duke of Edinburgh, will der Öffentlichkeit zeigen, dass die Mitglieder der Königsfamilie „normale, hart arbeitende Leute" seien. Die Produktion ist das einzige Dokument, das die königliche Familie so nah und intim zeigt. Fast ein Jahr lang wird die Familie an allen möglichen Orten gefilmt – in ihrem Privatjet, zu Hause, beim Kochen, auf einem Barbecue und sogar am Esstisch. Seit der Erstausstrahlung bleibt der Dokumentarfilm jedoch weitgehend unter Verschluss – angeblich weil die Königin besorgt ist, ihre Familie mache darin einen zu gewöhnlichen Eindruck. Elizabeth II. ist im Besitz des Copyrights und gewährt nur wenigen Personen zu wissenschaftlichen Zwecken Zugang zum Filmmaterial. Kurze Ausschnitte werden erstmals im Jahr 2011 zum 90. Geburtstag des Duke of Edinburgh freigegeben, ebenso 2012 zum diamantenen Thronjubiläum von Elizabeth II.*

*Als Mädchen liebt Prinzessin Elizabeth das Tanzen, besonders den schottischen Country-Tanz. Hier, als verheiratete Frau, genießt sie die Gelegenheit, mit ihrem Ehemann bei einem Squaredance in Ottawa, Kanada, zu tanzen, den der Generalgouverneur Viscount Alexander im Oktober 1951 zu ihren Ehren veranstaltete.*

Im Jahr 2007 feiert das Paar seine diamantene Hochzeit in einer Zeremonie in der Westminster Abbey, bei der Dame Judi Dench ein Gedicht vorliest, das der Poet Laureate Andrew Motion für diesen Anlass geschrieben hat. Darin heißt es: „Die Liebe fand eine Stimme und sprach laut zwei Namen…" Oben links: Prinz Philip 1955 als Kapitän des Windsor-Park-Teams, nachdem sein Team Indien während des Ascot-Wochen-Poloturniers besiegt hat. Den Pokal überreicht Queen Elizabeth II. Oben rechts: Das Ehepaar plaudert über das Programm der Royal Windsor Horse Show 1982 auf dem Gelände von Schloss Windsor. Unten links: Königin Elizabeth II. und Prinz Philip, Herzog von Edinburgh, bewundern eine selbst gemachte Karte, die ihnen ihre Urenkel Prinz George, Prinzessin Charlotte und Prinz Louis zu ihrem 73. Hochzeitstag am 20. November 2020 bastelten.

# DER TAG, DER ALLES VERÄNDERT

Seit 1066 ist Westminster Abbey Schauplatz
jeder Krönung. Auch Prinzessin Elizabeth
wird hier in einer unvergesslichen Zeremonie
zur Königin Englands gekrönt

Das Leben im engsten Familienkreis ändert sich für Prinzessin Elizabeth, Prinz Philip, Prinz Charles und Prinzessin Anne am 6. Februar 1952, als König George VI. im Alter von 56 Jahren stirbt. Die Thronbesteigung von Königin Elizabeth II. im Alter von 25 Jahren beendet die Marinekarriere ihres Mannes und macht Prinz Charles zum ersten königlichen Erben, der vor Ort miterlebt, wie seine Mutter als Herrscherin gekrönt wird. Prinzessin Anne wird als zu jung erachtet, um dabei zu sein, und beobachtet die Prozession von einem Fenster des Buckingham Palace aus.

Philip und Elizabeth erfahren die Nachricht vom Tod des Königs, während sie in Kenia auf einer Reise weilen, die sie auch noch nach Australien und Neuseeland führen soll.

Die Krönung findet dann ein Jahr nach der Thronbesteigung statt (wie fast alle Krönungen zuvor), einerseits wegen der Zeit, die für die Planung der Zeremonie benötigt wird, andererseits wäre eine Feier so kurz nach dem Tod des Königs unangemessen gewesen.

Sir Winston Churchill gehört zu den politischen Persönlichkeiten, die dagegen sind, die Krönung im Fernsehen zu übertragen. Doch Prinz Philip befürwortet die Krönung als eine neue und wichtige Möglichkeit, mit dem Volk in Kontakt zu treten, und überzeugt seine Frau, die ihren Premierminister überstimmt. So kann zum ersten Mal in der Geschichte die altehrwürdige Zeremonie mit all ihrem glorreichen Pomp live im Fernsehen gesehen und im Radio gehört werden. Millionen von Briten legen sich erstmals ein Fernsehgerät zu, was zu einem Boom der Popularität des kleinen Bildschirms als Massenunterhaltung führt.

Das Datum für die Krönung der Königin – der 2. Juni 1953 – wird auf Anraten von Meteorologen gewählt, die meinten, dass dieser Tag statistisch gesehen das beste Wetter habe. Natürlich werden sie eines Besseren belehrt, und es regnet – ganz im britischen Stil –, aber die Show geht natürlich weiter. Das Krönungskleid der Königin wird von Norman Hartnell entworfen, auf Wunsch Ihrer Majestät werden zusätzlich zu den nationalen Emblemen von England, Schottland, Wales und Nordirland auch die der Dominions, deren Königin sie nun ist, hinzugefügt, einschließlich der australischen Flagge. Die Details des Kleides bleiben geheim, ein Polizist bewacht sogar die Tür des Raumes, in dem das Kleid von der Royal School of Needlework genäht wird. Die Schule beschließt, dass jeder, der mit ihr zu tun hat (einschließlich der Reinigungskräfte), einen Stich auf das Kleid nähen darf.

Die Königin wählt dieselbe Krone, die ihrem Vater 16 Jahre zuvor aufgesetzt worden war. Die Imperial State Crown wiegt 1,28 Kilogramm, besteht aus 2868 Diamanten, 17 Saphiren, elf Smaragden, Rubinen und ist mit Hunderten von Perlen besetzt. Im Vorfeld des Ereignisses probt Elizabeth mit ihren Zofen im Buckingham Palace, wobei sie Laken benutzen, die die Krönungsroben darstellen sollen. Als sich dann die Monarchin und ihre sechs Krönungsmädchen auf die dreistündige Zeremonie vorbereiten, soll die Königin gefragt haben: „Ready, girls?", bevor sie sich auf den Weg macht. Alle Hausmädchen, Köche und Gärtner des Palastes versammeln sich in der Grand Hall, um ihre neue Königin nach Westminster Abbey abfahren zu sehen. Bei ihrer Rückkehr in den Palast und für ihr offizielles Porträt trägt die Königin dann die kaiserliche Staatskrone, die vier Perlen enthält, von denen traditionell angenommen wird, dass sie die Ohrringe von Königin Elizabeth I. waren. ✳

*Die Königin trägt die kaiserliche Staatskrone, die für die Krönung von Königin Victoria 1838 geschaffen und traditionell von neuen Monarchen auf dem Rückweg von der Abbey getragen wird.*

„Als uns der Tod des Königs verkündet wurde, schlug in unserem Leben ein tiefer und feierlicher Ton an, der, während er weithin erschallte, das Getöse und den Verkehr des zwanzigsten Jahrhunderts in vielen Ländern zum Schweigen brachte ... Der König wurde von allen seinen Völkern sehr geliebt ... Wir dachten an ihn als jungen Marineleutnant ... Wir dachten an ihn, als er ruhig, ohne Ehrgeiz und ohne Mangel an Selbstvertrauen die schwere Last der Krone auf sich nahm und seinem Bruder, den er liebte, folgte ... All dies sahen und bewunderten wir, und sein Verhalten auf dem Thron mag für konstitutionelle Souveräne in der ganzen Welt und in zukünftigen Generationen ein Vorbild sein." (Ein kleiner Auszug aus der Grabrede des britischen Premierministers Winston Churchill für König George VI.)

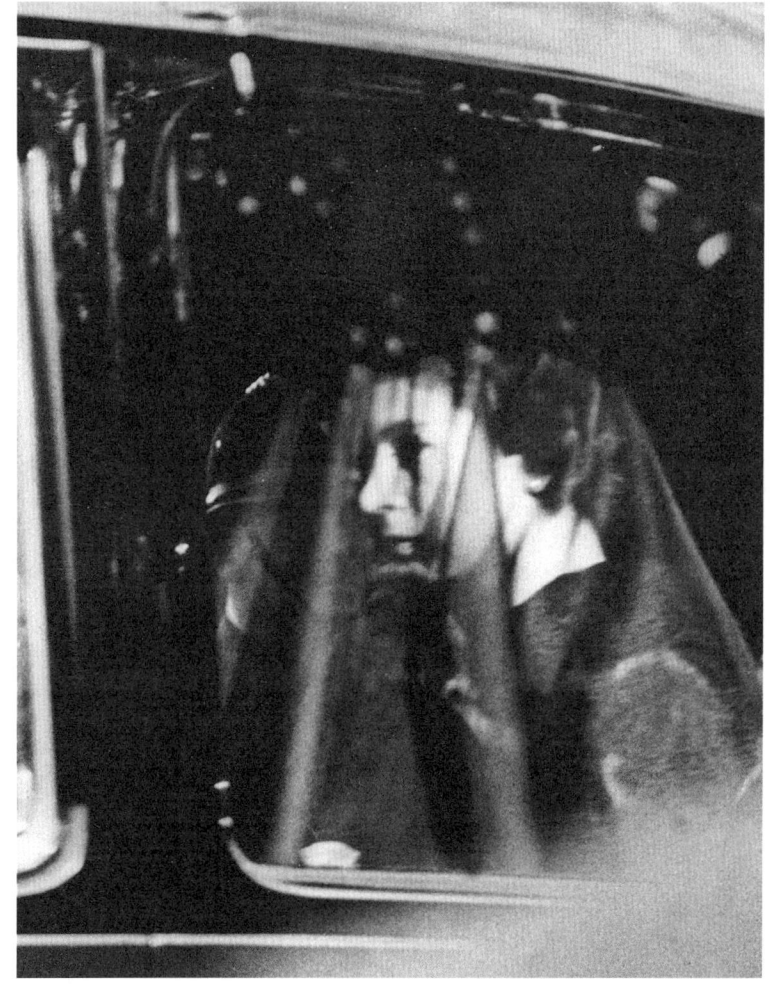

Am 11. Februar 1952 wird George VI. in einem langen Trauerzug zur Aufbahrung in der Londoner Westminster Hall überführt. Am 15. Februar wird dann der Sarg zu einem Gottesdienst in die Westminster Abbey und zur Beisetzung in die St. George's Chapel in Windsor gebracht. Um 14 Uhr kommt das gesamte Commonwealth mit einem zweiminütigen schweigenden Gedenken zum Stillstand.

Auch wenn die Menschen lange darüber trauern, dass sie ihren 56-jährigen König so jung verloren haben, muss das Geschäft der Monarchie weitergehen. Ganz nach dem Motto: Der König ist tot. Es lebe die Königin! An einem verregneten 2. Juni 1953 wird Prinzessin Elizabeth in der Westminster Abbey als Souverän des Vereinigten Königreichs, Kanadas, Australiens, Neuseelands, Südafrikas, Pakistans und Ceylons gekrönt. Trotz des Wetters übernachten viele Menschen entlang der Strecke im Freien. Nach der Feierlichkeit der Beerdigung des Königs ist dies eine Chance für das britische Volk, wieder zu feiern. Die Zeremonie wird live im Radio und Fernsehen in die ganze Welt übertragen. Um die 27 Millionen Menschen in Großbritannien verfolgen die Zeremonie im Fernsehen, und eine Million hört sie im Radio. (Die Einwohnerzahl Großbritanniens beträgt zu dieser Zeit etwas mehr als 50 Millionen.) Rechts: Ihre Majestät wird in der goldenen Staatskutsche vom Buckingham-Palast zur Westminster Abbey gefahren, von acht grauen Wallachen durch die mit Hunderttausenden von Gratulanten gefüllten Straßen gezogen.

Oben: Die Vorbereitungszeit für die aufwendige Ver-
anstaltung, an der etwa 8000 Gäste aus dem gesamten
Commonwealth teilnehmen, beträgt 16 Monate.
Rechts: In stundenlanger, mühevoller Arbeit wird jedes
Gewand für die Zeremonie gefertigt. Der britische
Modeschöpfer und Hoflieferant Norman Hartnell wird
von der Königin beauftragt, ihre Robe und die Outfits
für alle Mitglieder der königlichen Familie zu entwerfen.
Hartnell kreiert für sie ein Kleid aus weißer Seide,
bestickt mit den floralen Emblemen der Länder des
Commonwealth: die Tudor-Rose für England, die schot-
tische Distel, der walisische Lauch, das Kleeblatt für
Nordirland, das Ahornblatt für Kanada, das Flechtwerk
für Australien, der neuseeländische Silberfarn, die Pro-
tea für Südafrika, zwei Lotusblumen für Indien und
Ceylon sowie Weizen, Baumwolle und Jute für Pakistan.
Was die Königin allerdings nicht weiß, ist, dass Hartnell
als Glücksbringer auf die linke Seite des Kleides ein
vierblättriges Kleeblatt gestickt hat. Über dem Kleid
trägt die Königin einen 5,5 Meter langen handgewebten
Seidensamtmantel, der mit kanadischem Hermelin
gefüttert ist. Der Herzog von Edinburgh trägt eine kom-
plette Marineuniform und ein Krönchen sowie seine
„Duke's Robe" über seiner Uniform.

Während des Gottesdienstes legt
Elizabeth den Eid ab, dass sie
die Völker nach ihren jeweiligen
Gesetzen und Gebräuchen regieren wird, sie wird mit heiligem
Öl gesalbt, erhält die Insignien
und wird zur Königin gekrönt.

*Die Staatseröffnung des Parlaments ist eine Ver-*
*anstaltung, die den Beginn einer Sitzungsperiode*
*des Parlaments des Vereinigten Königreichs formell*
*markiert. Sie beinhaltet eine Rede vom Thron,*
*die als „Queen's Speech" (oder „King's Speech")*
*bekannt ist und im Fernsehen – wie hier im Jahre*
*1970 – übertragen wird.*

# „DIE QUEEN ERSCHÜTTERT SO ETWAS NICHT"

Sie ist weder Glamour-Queen noch böse Königin: Konsequent hat Elizabeth II. in der Öffentlichkeit sämtliche Stereotypen vermieden und über die Jahre ihr ganz eigenes Image aufgebaut. Kaum jemand kennt dieses so genau wie die österreichische Journalistin und Adelsexpertin Lisbeth Bischoff, die seit Jahrzehnten ganz dicht an den Royals dran ist

Interview: Gini Brenner

Was macht die Queen eigentlich den ganzen Tag in ihrem Palast? Warum trägt sie manchmal Blitzblau, aber nie Beige und warum muss sie während ihrer Geburtstagsfeier nie aufs WC? Was wir von der britischen Königin erfahren, wird vom Palast genau gesteuert – nur manchmal dringen persönliche Details aus dem Buckingham Palace oder Schloss Balmoral durch die engen Maschen der königlichen Message Control. Gerade deshalb ist es so spannend, wenn Serien wie „The Crown" versuchen, auch die menschliche Seite der Royals zu zeigen. Aber wie viel von den kleinen Details und großen Gefühlen entsprechen der Wahrheit und was haben Drehbuchautor Peter Morgan und sein Team dazuerfunden?

Fragen, mit denen Lisbeth Bischoff täglich konfrontiert ist: Sie ist eine der führenden Experten für Europas Adelshäuser, hat schon mehrere Bücher zum Thema geschrieben und ist eine Institution im österreichischen Fernsehen. Ihrer Initiative ist es etwa zu verdanken, dass der ORF jedes Jahr live „Trooping the Colour" überträgt, die in den Sommer verschobene Geburtstagsfeier der Queen – ein TV-Event, das sich im monarchieverliebten Ex-Habsburger-Land nach wie vor höchster Beliebtheit erfreut, es ist ein Fernseh-Fixpunkt, ähnlich dem Neujahrskonzert. Natürlich hat Bischoff auch „The Crown" mit größtem Interesse angesehen. Ihr Urteil: „Eine Seifenoper – aber eine sehr, sehr gut gemachte!"

**Frau Bischoff, was ist Ihr Expertenurteil über „The Crown"? Wie akkurat wird die Queen da beschrieben?**
Es ist natürlich eine Seifenoper, bei der vieles nicht der Wahrheit entspricht, sondern einfach nur gut erzählt ist. Fakten und Fiktion sind bunt gemischt. Aber die Serie ist wirklich sehr gut gemacht.

**Obwohl – wenn man die echten News aus dem Palast verfolgt, dann fühlt sich das oft auch durchaus recht „seifenopernhaft" an, oder?**

Stimmt, aber für die Serie wurden viele Tatsachen aufgebauscht und sind nicht authentisch dargestellt. Und es wird auch vieles beschönigt.

**Was sind für Sie die krassesten Unterschiede zur Realität?**
Da gibt es einige – historisch stimmt es etwa überhaupt nicht, dass ihr Onkel, der abgedankte König Edward VIII., mit Winston Churchill beim gemeinsamen Essen ausgemacht hat, dass Elizabeth nicht den Namen ihres Mannes annimmt. In Wahrheit hat schon ihr Großvater König George V. aus der Dynastie Sachsen-Coburg-Gotha im Ersten Weltkrieg seinen Namen – wegen der damals vorherrschenden Deutschfeindlichkeit – nach dem Stammschloss Windsor geändert. Und es war Elizabeth's eigene Entscheidung, dass ihre Kinder nicht Philips Familiennamen tragen, sondern den der Windsors.

**Apropos Philip: Stimmt es wirklich, dass die Ehe eher „unruhig" war? Dass Philip kein Kind von Traurigkeit war, ist kein Geheimnis – aber in der Serie wurde auch eine Affäre Elizabeth's angedeutet, und zwar mit ihrem Stallmeister.**
Als 1960 Andrew als drittes Kind von Elizabeth und Philip geboren wurde, gab es tatsächlich von Anfang an Gerüchte, dass der königliche Stallmeister Lord Porchester sein wahrer Vater sei. In den 90er-Jahren hat dann sogar der britische Klatschpresse-Journalist Nigel Dempster „aufgedeckt", dass diese Gerüchte der Wahrheit entsprächen. Das Spannende: Offiziell gab es nie ein ausgesprochenes Dementi. Der frühere Pressesprecher der Queen zeigte sich zwar „entrüstet" über die Behauptungen, sprach aber dezidiert über „eine tiefe Freundschaft zwischen Ihrer Majestät und Lord Porchester, genannt ‚Porchie'."

**Hat nicht Prinz Philip selbst das Thema auch kommentiert?**
Ja, in seiner unnachahmlichen Art: „Die Queen ist nur an Sachen interessiert, die vier Beine haben." Aber sein Urteilsvermögen ist ja durchaus umstritten. *(lacht)*

**Wie authentisch ist die Darstellung von Elizabeth's Beziehung zu Diana? In der Serie wird sie ja als etwas distanziert, aber durchaus freundschaftlich dargestellt.**

Der erste Besuch von Diana auf Schloss Balmoral ist jedenfalls sicher nicht so harmonisch wie in der Serie abgelaufen. Im Buch „Diana: Her True Story" hat die Prinzessin den Aufenthalt selbst geschildert: Balmoral mache ihr Angst, erzählte sie, es herrsche dort eine extrem negative Atmosphäre. Allerdings verstand sich Diana sehr gut mit ihrem Schwager Andrew und der Schwester der Queen, Prinzessin Margaret.

**Stimmt es, dass Charles seiner Frau die mediale Beliebtheit missgönnt hat?**

Ja, das habe ich sogar selber miterlebt. In der Serie sieht man, wie Charles bei einer Reise nach Australien und Neuseeland eifersüchtig reagiert. Ich selbst habe das bei einem Besuch in Wien mitbekommen: Der frühere BBC-Reporter Michael Cole hat mir erzählt, dass die beiden beim Stadtspaziergang auf verschiedenen Seiten der Straße gegangen sind!

Und Charles war wütend, dass die Leute immer „Diana, Diana!!!" gerufen haben. Er war tatsächlich eifersüchtig auf ihre Beliebtheit.

**Sie selber haben dann Charles mit Camilla besser kennengelernt, oder?**

Ja, zuletzt bei ihrem Besuch 2017 in Wien, da wurde ich vom britischen Königshaus dazu auserkoren, sie über die vier Tage journalistisch zu betreuen. Das war natürlich sehr spannend, wie man sich vorstellen kann!

**Wie ist Charles so, persönlich?**

Der hat einen total guten Humor – auch die Camilla. Die ist super. Sie wurde ja in den Medien immer als die Böse dargestellt, der „Rottweiler", wie Diana sie genannt hat – aber das stimmt einfach nicht. Sie ist ja immer schon extrem gut bei Männern angekommen, weil sie einen sehr herben, aber sehr lustigen Humor hat.

**Die Queen selber kann ja auch recht witzig sein, oder?**

Ja, auf jeden Fall! Zum Beispiel kann sie alle Premierminister, die sie je getroffen hat – und das sind ja eine ganze Menge –, perfekt imitieren. Sie hat ein großartiges Talent dafür. Leider macht sie das natürlich nie in der Öffentlichkeit – ich weiß das von ihrem Butler, um ehrlich zu sein.

**Haben Sie die Queen schon persönlich kennengelernt?**

Ich habe sie bei der Hochzeit von Charles und Camilla getroffen. Interviews gibt sie ja prinzipiell keine.

**Queen Elizabeth ist eigentlich eine der letzten Monarchinnen weltweit aus der „alten" Generation.**

Ja, auf jeden Fall. So jemanden wie sie wird es auch nie wieder geben – sie ist etwas ganz Besonderes. Elizabeth wurde ja nicht als Thronfolgerin geboren, sondern ist es erst geworden, als ihr Onkel abgedankt hat; dann ist ihr Vater nachgerückt, somit war sie dann Kronprinzessin. Und bei der Krönung hat

**Lisbeth Bischoff**

Geboren 1955 in Hohenems, Vorarlberg, Österreich. Seit 1972 beim österreichischen Fernsehen ORF, zuständig für Events wie die Übertragung des Opernballs und zahlreiche königliche Hochzeiten. Vor Kurzem erschien ihr neuestes Buch „Frauen für die Krone – Eine neue Generation auf den Thronen Europas", Amalthea Verlag, 256 S., 25 €.

sie gesagt: „Ich werde dienen, ein Leben lang!" Und das ist genau das, wonach sie lebt. Es gibt ja noch ein weiteres, interessantes, aber weniger bekanntes Zitat von ihr: „Man kann viel bewirken, wenn man richtig zum Monarchen erzogen worden ist. Und ich hoffe, dass ich richtig erzogen worden bin."

**Kann sie denn etwas bewirken?**

Sie darf sich ja auch nicht offiziell in die Politik einmischen. Wir wissen natürlich nicht, was sie hinter den Kulissen tut. Allerdings macht sie es unterschwellig – so wie damals, als sie bei der Parlamentseröffnung 2017, die erste nach dem Brexit-Referendum, statt des üblichen Ornats mit Krone das berühmte Kleid in Europa-Farben mit einem Hut mit Europa-Sternen getragen hat und dann den ganzen Abend mit steinerner Miene dagesessen ist.

**Ihr Look ist ja generell eine Geschichte für sich …**

Ja, das stimmt. Die Queen ist ja relativ klein. Aber sie muss gesehen werden, deshalb hat sie immer bunte Kleider an. Und sie trägt immer Hüte, um Aufmerksamkeit zu erregen – aber die Krempe darf auf keinen Fall zu groß sein, sonst sieht man bei ihrer Größe das Gesicht nicht mehr! Ihre Kleidung ist sicher nicht jedermanns Sache, aber sie ist immer sehr elegant gekleidet. Sie hat auch einmal gesagt, in der Öffentlichkeit würde sie nie Beige tragen, das wäre zu wenig auffällig.

**Die Mode alleine ist es aber nicht. Was macht Ihrer Meinung nach die Einzigartigkeit der Queen aus?**

Sie ist wie ein adeliges Denkmal. Wissen Sie, was ihre Besonderheit ist? Der Mensch liebt Kontinuität. Und wenn es heißt: „Die Queen kommt", dann weiß man immer genau, was zu erwarten ist. Sie ist immer bunt gekleidet, trägt immer dieselbe Frisur, sie bewegt sich immer gleich, sie ist immer freundlich. Sie ist eine Konstante, man weiß, was man hat. Das ist ihr ganz großer Vorteil in unserer schnelllebigen Zeit. Und keiner weiß, was passiert, wenn sie einmal nicht mehr sein wird. Viele befürchten, dass dann alles zerbröselt.

**Sie hält also das Königshaus zusammen, könnte man sagen …**

Ja, das ist ihre Mission. Zuerst kommt die Monarchie, dann kommt lange nichts, dann kommen ihre Pferde, dann ihre Kinder und dann irgendwann ihr Ehemann. *(lacht)* Sie entscheidet sich immer für die Monarchie, und alles, was die Monarchie gefährdet, lehnt sie vehement ab. Das hat man jetzt gesehen beim „Megxit" und auch bei Andrew, dem sie sofort das Geld gestrichen hat, als seine Bekanntschaft mit dem Sexualstraftäter Jeffrey Epstein bekannt und zum Skandal wurde.

**Wurde das denn offiziell bekannt gegeben?**

Ja, aber natürlich nur extrem verschlüsselt. Es wurde nur bekannt gegeben, dass das Königshaus ihm gegenüber keine Verpflichtungen mehr hat und dass man ihm die Apanage streiche. Das musste man öffentlich machen, sonst hätte die Öffentlichkeit protestiert, aber mehr Information gab es dazu nicht. Aber die Message war sonnenklar.

*Oben: Diana im Mai 1982, hochschwanger mit Prinz William, und Königin Elizabeth scheinen sich am Rande des Polospiels im Guards Polo Club nicht allzu viel zu sagen zu haben. Unten: Die Queen outet sich als Europa-Fan und das noch nicht mal besonders subtil. Statt wie üblich im großen Aufputz (siehe Seite 42) mit Staatsrobe und Krone erscheint sie 2017 nach dem Brexit-Referendum zur Parlamentseröffnung im himmelblauen Europa-Kostüm.*

*„Wir können alle ein Leben im Dienste der Allgemeinheit leben. Das ist universell", lassen Harry und Meghan verkünden, nachdem die Queen sie von all ihren Pflichten entbunden hat. Hier sind die beiden zu sehen, wie sie im Februar 2019 in Casablanca, Marokko, am Flughafen ankommen.*

**So wie bei Prinz Harry und Meghan?**
Genau. Die Message, die offiziell rausging, war meisterhaft verklausuliert: „Die Schirmherrschaften und alle militärischen Ehrentitel werden an ihre Königliche Majestät zurückgegeben, bevor sie an die arbeitenden Mitglieder der königlichen Familie verteilt werden." Ihm alle Titel zu entziehen, das ist Klartext. Wenn auch unausgesprochen, ein klarer Hinauswurf. Der totale Bruch mit dem Königshaus.

**Harry und Meghan haben sich aber vorsichtig als Gäste zu Elizabeth's 70. Krönungsjubiläum eingeladen.**
Das wird sicher nicht passieren. Wenn, dann wird nur Harry eingeladen, als ihr Enkel.

**Bei Redaktionsschluss ging es Prinz Philip gerade nicht so gut. Wie ist da die Situation?**
Für Harry steht ein Privatflugzeug bereit, damit er jederzeit ans Sterbebett seines Großvaters einfliegen kann. Da wird er aber wohl auch eher alleine kommen.

**Was wird überhaupt passieren, wenn Philip stirbt? Wird das viel verändern?**
Nein. Er ist ja nicht der Regent, und er ist auch schon länger in Pension. Interessant ist: Sollte er in der Nacht sterben, erfährt das die Welt trotzdem erst in der Früh. Denn für Mitglieder des Königshauses gibt's da ein ganz genaues Ritual: Es muss zuallererst die BBC informiert werden, damit die als Erste berichten kann. Also darf das nicht früher als um 8 Uhr passieren – als diese Bestimmung eingeführt wurde, gab es ja noch keinen 24-Stunden-Rundfunk!

**Wird es ein Staatsbegräbnis geben?**
Das weiß man nicht. Er hätte zwar Anspruch darauf, aber er machte sich schon bei Lebzeiten nichts aus dem Zinnober, deshalb zweifelt man daran, ob eines stattfinden wird. Jedenfalls wird es eine mehrtägige Staatstrauer geben. Die Queen wird jedoch einfach weiterarbeiten. Die erschüttert so was nicht.

**Wie viel bekommen Sie eigentlich mit vom Privatleben der Queen?**
Ein bisschen. Es ist schon eine ganz eigene Welt im Palast. Ich werde zum Beispiel oft gefragt, wie die Queen bei öffentlichen Events stundenlang sitzen kann, ohne dass sie aufs Klo muss. Die ist ja doch schon 94! Aber wissen Sie, wie sie als Kind erzogen wurde? Je länger sie nicht aufs Klo gegangen ist, desto mehr Kekse hat sie nachher zur Belohnung bekommen.

**Apropos stilles Örtchen: Es ist ja sogar sprichwörtlich der einzige Ort, wo sogar Kaiser und König alleine hingehen. Ist das bei der Queen auch so?**
Ja, schon. Solange sie noch kann. (lacht) Obwohl sonst im Palast wirklich überall Butler herumstehen. Es ist ja für unsereins schwierig, sich das vorzustellen, aber echte Privatsphäre gibt es für die Queen wirklich kaum.

**Es ist spannend, wie sehr das Bild der Royals nur durch ihre Inszenierung bestimmt wird.**
Und das machen sie auch sehr professionell. Blicke hinter diese Kulisse sind sehr selten, auch für unsereins. Wir sehen, wenn sie im Buckingham-Palast am Balkon stehen, lächeln und winken – wenn sie dann reingehen, wissen wir nicht, ob dort die Fetzen fliegen. Allerdings: Diese Pressestellen, die das mittlerweile steuern, hat es bis zu Diana eigentlich gar nicht gegeben. Das gab es nicht, das hatte man nicht nötig. Aber nach Dianas Tod, wo es mit Spekulationen von Seiten der Medien ja wirklich wild zuging, hat man begriffen, dass man über eine Pressestelle gezielt Informationen verbreiten kann. Und seither gibt es im britischen Königshaus eine Pressestelle.

**Und wie war das vorher?**
Gar nicht. Da wurde kaum etwas mitgeteilt. Man hat natürlich Leute gekannt mit gutem Kontakt zum Königshaus, die einem solche Dinge quasi unter der Hand erzählt haben, aber es gab keine offizielle Anlaufstelle.

**Wie bekommt man dann einen Einblick in die Adelshäuser von heute?**
Das Zauberwort ist „Recherche". Wenn einen etwas interessiert, dann beschäftigt man sich ja automatisch damit und sammelt Wissen und Kontakte. Viele Leute glauben ja, dass ich diese bunten Blätter lese und meine Informationen da heraus habe, das stimmt natürlich überhaupt nicht, und das will ich auch nicht. Aber inzwischen, das ist der Vorteil meines Alters, habe ich sehr gute Kontakte zu allen Königshäusern aufgebaut. Ich kenne die Leute, die bei den Pressestellen arbeiten, und bekomme Auskünfte und Material und werde auf dem Laufenden gehalten.

**Wie wird man eigentlich Adelsexpertin?**
Bei mir war es das große Interesse an Geschichte generell und natürlich auch am Adel, der ja zur Geschichte dazugehört. Und dann war es auch so, dass mir die aktuelle Geschichte in die Hand gespielt hat, weil genau zur richtigen Zeit alle Kronprinzen und Kronprinzessinnen in Europa geheiratet haben – in Schweden, Dänemark, Spanien, Holland … Alle haben geheiratet. Ich war damals Journalistin beim ORF und habe vorgeschlagen, wir könnten doch die Hochzeiten im Fernsehen übertragen. Und das war ein ganz großer Quotenerfolg. So hat sich das immer mehr entwickelt, sicher auch durch mein Zutun, weil ich ein großes Interesse daran hatte, dass das weitergeführt wird. Und einige Jahre später haben die Leute auf einmal „Adelsexpertin" zu mir gesagt. Ich persönlich stehe nicht besonders auf diese Bezeichnung, aber ich habe halt keine andere. (lacht) Aber eigentlich bin ich Journalistin und interessiere mich besonders für den Adel.

**Was war das spannendste Event, das Sie gecovert haben?**
Gute Frage – aber wahrscheinlich doch die Hochzeit von Charles und Camilla. Es war wunderschön, auch wenn es wirklich harte Arbeit für mich war. Die Hochzeit fand ja im Schloss Windsor statt. Und sobald der Termin bekannt war, waren binnen Sekunden entlang der Straße sämtliche Fensterfronten an die Medien vermietet, damit die Kameras einen guten Blick auf das Schloss bekommen. Der Raum, den wir dann noch bekommen haben, war ein Badezimmer. Die Sicht war ganz wunderbar, aber während der Übertragung bin ich die ganze Zeit auf einem Klodeckel gestanden und habe kommentiert, damit man hinter mir durch das Badezimmerfenster das Schloss sehen konnte. ✱

> „Aber wissen Sie, wie sie als Kind erzogen wurde? Je länger sie nicht aufs Klo gegangen ist, desto mehr Kekse hat sie nachher zur Belohnung bekommen"

# TIME TO SAY GOODBYE

Die Bilder der weltweiten Trauer um den Unfalltod von Lady Di haben sich in das kollektive Gedächtnis eingebrannt, für die Queen aber nicht weniger schmerzhaft ist der Verlust der geliebten Mutter und ihrer Schwester, mit der sie zeitlebens ein sehr enges Verhältnis hat

2002 ist ein sehr trauriges Jahr für Königin Elizabeth II., die innerhalb von sieben Wochen sowohl ihre geliebte Schwester als auch ihre Mutter verliert. Prinzessin Margaret ist gerade 71 Jahre alt, als sie nach einer Reihe von sie immer stärker schwächenden Schlaganfällen stirbt. Die temperamentvolle und lebenslustige Prinzessin macht in ihren letzten Jahren eine traurige Figur, sie ist an einen Rollstuhl gefesselt und versteckt sich hinter einer dunklen Brille. Margaret stirbt in einem Londoner Krankenhaus und wird in der St. George's Chapel in Windsor privat beigesetzt.

Die Königinmutter wird dagegen über 100 Jahre alt und schläft mit 101 in der Royal Lodge in Windsor friedlich ein. Obwohl ihr Tod nicht unerwartet kommt, ist es für die Königin eine Zeit immensen Herzschmerzes, zwei ihrer engsten Familienmitglieder zu verlieren. Die Königinmutter wird am 9. April feierlich beigesetzt. Ihr Leichnam liegt in den Tagen vor der Beerdigung in der Westminster Hall aufgebahrt – ebenso wie der Leichnam ihres verstorbenen Mannes, des Vaters der Königin Elizabeth II., König George VI. 50 Jahre zuvor. Seine vier Enkelsöhne – die Prinzen Charles, Andrew und Edward sowie Viscount Linley – gehören zu denen, die den Sarg bewachen.

Als Diana, Prinzessin von Wales, am 31. August 1997 auf so tragische Weise ums Leben kommt, zieht sich die königliche Familie in ihr schottisches Schloss Balmoral zurück, um dort in aller Stille zu trauern. Die Queen schottet, in ihrer großen Besorgnis um die seelische Gesundheit ihrer Enkel, William und Harry vollständig ab, um diese so vor den Berichten in Fernsehen, Radio und Presse zu schützen und ihnen zu helfen, mit der überwältigenden Trauer fertigzuwerden.

Doch auch die britische Öffentlichkeit braucht ihre Königin, und eine fast schon meuternde Wut auf die königliche Familie beginnt, um sich zu greifen. Es muss etwas getan werden. Sehr schnell wird klar, dass Dianas Beerdigung nicht die übliche private Angelegenheit sein könnte, denn eigentlich gehört sie ja nicht mehr offiziell zur königlichen Familie. Stattdessen wird das Protokoll beiseitegeschoben, als Prinz Charles darauf besteht, dass die verstorbene Mutter des zukünftigen Königs ein feierliches Begräbnis erhalten soll.

Die Königin und Prinz Philip kehren fünf Tage früher als geplant nach London zurück, Millionen Trauernde schauen ihnen kritisch dabei zu, wie sie an Tausenden von Blumensträußen vorbeigehen, die sich vor dem Buckingham Palace auftürmen. Später besuchen auch die Prinzen Charles, William und Harry die Trauerstätte vor Dianas ehemaligem Zuhause, dem Kensington Palace. In der Nacht vor der Beerdigung wendet sich die Königin in einer Fernsehansprache an die Nation, die seither als entscheidender Wendepunkt für die Windsors angesehen wird: als der Moment, in dem sich die Königin in ihre Nation einfühlt und die Entwicklung der modernen Monarchie beginnt. „Was ich Ihnen jetzt als Ihre Königin, als Großmutter sage, sage ich von Herzen", erklärt die Königin in der sehr emotionalen Ansprache aus dem Buckingham-Palast. „Ich für meinen Teil glaube, dass es Lektionen gibt, die man aus ihrem Leben und aus der außergewöhnlichen und bewegenden Reaktion auf ihren Tod ziehen kann. Ich teile Ihre Entschlossenheit, ihr Andenken in Ehren zu halten." Dianas Beerdigung wird von 32 Millionen Menschen in Großbritannien und zweieinhalb Milliarden weltweit verfolgt. *

## KÖNIGIN ELIZABETH, QUEEN MUM
### 4. AUGUST 1900 – 30. MÄRZ 2002

*Die Königinmutter, flankiert von ihren Töchtern, Prinzessin Margaret und Königin Elizabeth II., ist eines der beliebtesten Mitglieder des Königshauses und eine von nur zwei Angehörigen der britischen Königsfamilie, die ihren 100. Geburtstag erleben dürfen. „Irgendwie hätte ich nie gedacht, dass es so kommen würde“, sagt Prinz Charles nach der Beerdigung seiner Großmutter. „Sie schien nicht aufzuhalten zu sein, und seit ich ein Kind war, habe ich sie verehrt. Sie war ganz einfach die zauberhafteste Großmutter, die man haben konnte, und ich war ihr völlig ergeben.“ Ebenso hingebungsvoll ist sein Sohn William, der sich besonders an den Sinn für Humor seiner Urgroßmutter erinnert. „Alles, was formell sein sollte und schiefging, hat sie genossen“, so William. „Sie hat immer gekichert. Sie hatte eine so jung gebliebene Freude an lustigen Dingen.“ Eines ihrer Geheimnisse für ein langes Leben sieht sie, so ihre Vertraute Margaret Rhodes, in ihrer Trink-Routine: Gin und Dubonnet vor dem Mittagessen, Wein zum Mittagessen, einen Martini vor dem Abendessen, dann ein Glas Champagner.*

## PRINZESSIN MARGARET
### 21. AUGUST 1930 – 9. FEBRUAR 2002

*Prinzessin Margaret ist bekanntlich vom Temperament her das genaue Gegenteil ihrer disziplinierten Schwester und zeitlebens auch eine Quelle der Sorge für die königliche Familie. Sie ist umwerfend schön, sehr gesellig und liebt das glamouröse Leben der High Society. Ihre erste Liebe, Group Captain Peter Townsend, wird als „ungeeignet" erachtet, weil er geschieden ist, und schließlich, unter Druck, lässt Margaret ihn fallen. Im Jahr 1960 heiratet sie den Society-Fotografen Antony Armstrong-Jones in der Westminster Abbey. Das Paar bekommt zwei Kinder, Lord Linley und Lady Sarah, streitet viel und lässt sich scheiden. Ihren Kummer betäubt Margaret mit Alkohol, Affären und Partys, raucht bis zu 60 Zigaretten am Tag. Aber trotz der unterschiedlichen Lebensweisen stehen sich die Schwestern sehr nahe. Und auch die Kinder der Queen lieben sie sehr. „Meine Tante war einer dieser bemerkenswerten Menschen, die abgesehen davon, dass sie unglaublich vital und attraktiv war… unglaubliche Talente hatte", sagte Prinz Charles nach ihrer Beerdigung.*

## DIANA, PRINZESSIN VON WALES
### 1. JULI 1961 – 31. AUGUST 1997

*Die Welt steht unter Schock: Prinzessin Diana, die Königin der Herzen, ist tot. Gestorben mit nur 36 Jahren nach einem Autounfall in Paris, auf der Flucht vor Paparazzi. Zu Tausenden legen Trauernde Blumenbouquets vor den Palästen in London ab und stehen stundenlang Schlange, um sich mit letzten Worten an Diana in Kondolenzbücher einzutragen. Ein Land, eine Welt ist in Trauer vereint. „Sie war ein außergewöhnlicher und begnadeter Mensch", betont die Königin deshalb auch in ihrer denkwürdigen Rede am Tag vor der feierlichen Beisetzung der Princess of Wales. „In guten wie in schlechten Zeiten hat sie nie ihre Fähigkeit verloren, zu lächeln und Spaß zu haben und andere mit ihrer Wärme und Freundlichkeit zu inspirieren. Ich habe sie bewundert und respektiert – für ihre Energie und ihr Engagement für andere und besonders für ihre Hingabe an ihre beiden Jungen… Keiner, der Diana kannte, wird sie jemals vergessen. Millionen andere, die ihr nie begegnet sind, aber das Gefühl hatten, sie zu kennen, werden sich an sie erinnern."*

# 95 FAKTEN, DIE SIE SO BESTIMMT NOCH NICHT KENNEN

Queen Elizabeth II ist die wohl mit Abstand bekannteste Frau der Welt. Trotzdem gibt es immer noch eine ganze Menge über sie zu verraten, zum Beispiel: Wie ist und lebt eigentlich die ganz private Queen? Was gehört ihr und was darf man auf keinen Fall machen, wenn man sie trifft?

*Oben: Königin Elizabeth in ihrer wohl prunkvollsten Kutsche, der goldenen Staatskutsche, hier an der Spitze einer Parade, die vom Buckingham Palace zur St. Paul's Cathedral unterwegs ist. Anlass: das goldene Thronjubiläum 2002. Unten: Der Sultan von Oman lässt der Königin von England vor einem Staatsbankett im November 2010 ein goldenes musikalisches Ei im Fabergé-Stil überreichen. Was ihr zu gefallen scheint.*

**1** Im Jahr 2002 feiert Elizabeth II. ihr goldenes Thronjubiläum. Seit Wilhelm dem Eroberer, der 1066 England für die Normannen einnahm, ist sie die 40. Monarchin des Landes und die bislang zweite, die dieses Jubiläum feiert.

*Die TV-Doku „Royal Family" von 1969 erlaubt einen Blick ins private Wohnzimmer…*

**2** Seit ihrer Krönung hat sie sieben Päpste, 14 US-Präsidenten und 14 britische Premierminister in ihren Ämtern erlebt. Boris Johnson, Theresa May, David Cameron und Tony Blair werden alle erst geboren, nachdem Queen Elizabeth bereits den Thron bestiegen hat.

**3** Sie ist Oberhaupt des Vereinigten Königreichs Großbritannien und Nordirland sowie von 15 weiteren, als Commonwealth Realms bezeichneten souveränen Staaten. Darüber hinaus ist sie das Oberhaupt des 54 Staaten umfassenden Commonwealth of Nations, Lehnsherrin der britischen Kronbesitztümer und oberste Autorität der anglikanischen Kirche.

**4** Um den Zusammenhalt im Commonwealth zu stärken, muss sie viel reisen. Im Verlauf ihrer Herrschaft kommen über 100 Staatsbesuche und 180 Reisen in die Commonwealth Realms zusammen. Besonders gut scheint es ihr in Kanada zu gefallen. Da war sie schon fast 30-mal. Elizabeth II. gilt damit als das am weitesten gereiste Staatsoberhaupt der Geschichte.

**5** Sie besitzt das Recht, die australische Regierung zu feuern, und hat das tatsächlich einmal – indirekt im Jahr 1975 über ihren Generalgouverneur – getan.

**6** Die Queen und ihre Familie könnten zwar theoretisch zur Wahl gehen, aber alle verhalten sich politisch neutral und wählen nicht.

**7** Sie besitzt sechs Residenzen: Neben Buckingham Palace und Windsor Castle, dem weltweit größten dauerhaft bewohnten Schloss, sind das Holyrood Palace, ein ehemaliges schottisches Kloster, und Hillsborough Castle in Nordirland. Sandringham Estate, wo die königliche Familie Weihnachten feiert, und ihr liebstes Sommerschloss Balmoral Castle gehören Elizabeth II. persönlich, sie hat sie von ihrem Vater geerbt.

**8** Insider wissen, dass sich in den privaten Gemächern eine große Sammlung von Vogelskulpturen befindet, oft von lokalen Künstlern gefertigt oder einstmals von den Kindern und Enkeln der Queen als kleine Aufmerksamkeit geschenkt.

**9** Zu ihrem Landbesitz gehören eine Reihe von Parks, darunter Hyde Park, Kensington Gardens, The Regent's Park und Primrose Hill und The Green Park. Ebenfalls im Besitz der Queen ist der Tower of London.

**10** Sie besitzt die Rechte auf alle Goldminen-Aktivitäten in Schottland – ein Privileg, das sie vermutlich verliert, sollte sich Schottland unabhängig machen.

**11** Bei einer der seltenen Gelegenheiten anlässlich ihres 60-jährigen Thronjubiläums im Juli 2012 kann der Sender BBC ganz besondere Impressionen aus ihren privaten Gemächern einfangen. Während der Dreharbeiten entdeckt Filmemacher und Adelsberichterstatter Robert Hardman ein rotes Dekokissen mit der Aufschrift „It's Good To Be Queen".

**12** Kein Bargeld in der Tasche? Keine Sorge – im Buckingham Palace hat die Queen ihren eigenen Bankautomaten. Sie selbst braucht allerdings gar kein Geld, er wird von ihrer Familie und Angestellten benutzt und von der Bank Coutts zur Verfügung gestellt.

**13** Die Queen ist im Besitz zweier custom-made Bentleys – und das ist nur ein Bruchteil ihres umfangreichen persönlichen Fuhrparks, darunter sind noch Land Rover, drei Rolls-Royce und ein eigens gebauter Range Rover LWB Landaulet mit offenem Dach, damit sie der Öffentlichkeit huldvoll zuwinken kann.

**14** Sechs Guinness-Weltrekorde hält sie mittlerweile: als längstregierende Königin, als älteste regierende Monarchin, als reichste Monarchin, als Oberhaupt der meisten Staaten, als älteste britische Königin der Geschichte und als die Frau, die auf den Geldscheinen der meisten souveränen Staaten abgebildet ist.

**15** In ihre Sammlung gehören auch drei kostbare Fabergé-Eier, die der russische Zar anfertigen ließ. Darunter das Kolonnaden-Ei und das Mosaik-Ei. Und auch wertvolle Uhren u. a. von Jaeger-LeCoultre, dessen Armbanduhr „Kaliber 101" sie am Tag ihrer Krönung trug, sowie Vacheron et Constantin oder Patek Philippe und andere gehören in diese Sammlung.

**16** Heute beschäftigt Queen Elizabeth, die von ihren Enkelsöhnen Prinz William und Prinz Harry nur „Granny", also Oma, gerufen wird, in ihrem Haushalt etwa 1200 Personen und steht mehr als 620 Wohltätigkeitsvereinen und Organisationen als Patronin vor.

**17** Dass sie selbst Auto fährt, ist weniger verwunderlich als die Tatsache, dass sie auch selbst Autos reparieren kann. Elizabeth ist vermutlich die einzige Monarchin der Welt, für die es kein Problem ist, eine Zündkerze zu wechseln. Sie wurde im Zweiten Weltkrieg zur Automechanikerin ausgebildet. Später nutzte sie diese Fähigkeiten, um etwa König Abdullah von Saudi-Arabien bei einem Besuch in Balmoral herumzufahren.

*Zur Eröffnung des Parlaments trägt die Queen diese Krone.*

**18** Queen Elizabeth ist auch das erste Mitglied der britischen Königsfamilie, das jemals eine Goldene Schallplatte erhält. Und zwar für das Album „Party At The Palace", 2002 anlässlich ihres goldenen Jubiläums auf einer Gartenparty im Buckingham Palace aufgezeichnet. Innerhalb der ersten Woche nach seinem Erscheinen verkauft es sich über 100.000 Mal. Es heißt, dass Queen Elizabeth selbst während der Party in einer Brian-May-Jacke auf dem Dach von Buckingham Palace gestanden und die britische Nationalhymne auf der E-Gitarre gespielt hätte – ein ultimativer Tribut an die Band Queen. Mit an Sicherheit grenzender Wahrscheinlichkeit handelt es sich bei diesem Gerücht wohl aber eher um einen – gelungenen – Scherz.

**19** In Schloss Sandringham gibt es ein privates Wohnzimmer der Queen – vieles darin stammt aus den 1950er- und 1960er-Jahren: ein Kurzwellen-Radiogerät, eine Sitzgruppe, ein Schreibtisch, ein großer Fernsehapparat und ein wohl ehemaliger Kartentisch, auf dem die Königin und Philip zur Entspannung gerne zusammen Puzzles ab 1000 Teile legen.

**20** Queen Elizabeth spielt auch gerne. Vor allem Solitär, Trivial Pursuit und Scrabble. Einen Zauberwürfel kann sie in 55 Sekunden lösen, und für ein 9 x 9-Sudoku braucht Ihre Majestät etwa drei bis vier Minuten. Ein Brettspiel, das die Queen überhaupt nicht leiden kann, ist Monopoly. Das verursacht zu viel Streit. Das Spiel wird deshalb von der gesamten Royal Family gemieden.

**21** Sie spricht fließend Französisch und kann in elf Sprachen zumindest ein dunkles Bier bestellen: Englisch, Französisch, Deutsch, Griechisch, Italienisch, Niederländisch, Bulgarisch, Serbokroatisch, Finnisch, Malaysisch und Mandarin. Für eine Monarchin ist das schon sehr beachtlich.

**22** Die Queen grüßt immer zuerst und eröffnet ein Gespräch. Ihr die Hand entgegenzustrecken ist verboten. Mit „Your Majesty" wird sie begrüßt, danach mit „Ma'am" angeredet – niemals mit „you". Zur Begrüßung der Königin machen Männer eine Nackenverbeugung (nur vom Kopf) und Frauen einen kleinen Knicks.

**23** Königin sein ist nicht leicht. Die Kronen der Queen wiegen teilweise mehr als zwei Kilogramm. Glück hatte dagegen Prinz Charles. Als er zum Prince of Wales gekrönt wurde, thronte auf seiner Krone ein mit Gold überzogenen Pingpongball.

**24** Queen Elizabeth II. hat drei Vornamen: Ihr Rufname Elizabeth bezieht sich auf ihre Mutter, ihr zweiter Name Alexandra auf ihre Urgroßmutter Alexandra von Dänemark, und Mary geht zurück auf ihre beiden Tanten Maria Victoria, Countess of Harewood, und Lady Mary Elphinstone.

**25** Die Bodenständigkeit der Queen zeigt sich schon am frühen Morgen, wenn die Königin – normalerweise in ihren Gemächern – das Frühstück servieren lässt. Lange Zeit gehörte dazu ein weich gekochtes Ei (mit stets brauner Schale), das sie auf ärztlichen Rat vor einigen Jahren strich. Dazu Tee, Toast, Joghurt und Cornflakes (praktisch verpackt in einer Tupperdose) sowie die Tageszeitung, in der sie jeden Morgen zuerst das Kreuzworträtsel im Rekordtempo, nämlich innerhalb von fünf Minuten, löst. Dazu hört sie die Nachrichten der BBC aus einem Kofferradio am Frühstückstisch.

**26** Manchmal öffnet die Königin ihr Schloss Sandringham in Norfolk für Besucher. Im Gegensatz zu Windsor Castle, Buckingham und Kensington Palace in London ist dieses Schloss kein Bestandteil des „Crown Estate", sondern absoluter Privatbesitz der Königin. Normalerweise verbringt sie hier die Weihnachtszeit und die Wintermonate. Gatte Prinz Philip, 99, hat sich hierhin schon vor der Corona-Pandemie, nämlich nach seiner „Pensionierung", in ein Nebengebäude zurückgezogen.

**27** Übrigens bietet die Queen Positionen, die es sonst nirgendwo gibt – etwa die eines Philatelisten, eines Briefmarken-Experten, der sich (für etwa 40.000 Euro Jahresgehalt) um die ererbte Markensammlung ihres Großvaters König George V. (1865–1936), die sowohl eine Rote wie eine Blaue Mauritius enthält, kümmert. Die Royal Philatelic Collection umfasst dabei mittlerweile mehr als 20.000 Albumseiten voller Postwertzeichen.

**28** Sehr diskret ist der private Freundeskreis der Königin. Der kleine Kreis von engen Freunden stammt meist noch aus ihren Kindheits- und Jugendjahren. Dazu gehörten beispielsweise die Mountbattens oder die Familie der Herzöge von Richmond, ihre einstigen Brautjungfern und meist selbst aus dem Adel stammende Hofdamen. Eine Einheirat in die königliche Familie ist leichter – der Freundeskreis seit Langem unverändert, von traditionell hohem gesellschaftlichen Stand und ohne finanzielle Sorgen.

**29** Die Queen ist bekennende Liebhaberin von TV-Serien wie „Inspector Barnaby" oder „Coronation Street" und hat keine Berührungsängste mit den Stars von Film und Bühne: Viele von ihnen – wie beispielsweise Judy Dench oder Maggie Smith – wurden gleich mehrfach mit Orden ausgezeichnet, in den Adelsstand erhoben oder mit Einladungen zu den Gartenfesten im Buckingham Palast belohnt. Gegenüber Ur-Barnaby John Nettles, 77, der mehrfach auf die Gästeliste kam, unkt sie: „Ich bin froh, dass ich nicht in Midsomer wohne – da wäre ich wahrscheinlich schon längst ermordet worden."

**30** Das einzige Mal, dass die Königin eine Übersee-Tour unterbricht, passiert 1974, als sie aus Australien zurückkommen muss, da in Großbritannien plötzlich eine Parlamentswahl ausgerufen wird.

Oben: Königin Elizabeth II. zusammen mit dem amerikanischen Sänger Will.i.am (1. v. l.), der Australierin Kylie Minogue (2. v. l.), dem britischen Sänger Sir Tom Jones (6. v. l.), Annie Lennox (Mitte), Sir Paul McCartney (4. v. r.), Sir Elton John (1. v. r.) u. v. m. bei einem von Gary Barlow organisierten Konzertabend mit mehr als 50 Künstlern anlässlich ihres diamantenen Thronjubiläums. Unten: Sie fährt immer noch selbst, gerne einen praktischen Range Rover.

Oben: Queen Elizabeth II besucht den Dubai Duty Free Raceday 2013 und ist dabei, als ihr Pferd „Sign Manual" das Rennen gewinnt. Auch John Warren, ihr Rennmanager, und Michael Bell, ihr Trainer, sind begeistert. Unten: Am 4.12.2020 hält die Queen ihre erste virtuelle Audienz von Schloss Windsor aus, sie empfängt u. a. die georgische Botschafterin Sophie Katsarava, die aus dem Buckingham-Palast mit ihr spricht, Knicks inklusive.

*Zu ihren Hobbys zählt das Fotografieren. Ihr liebstes Motiv: die Familie – und ihre Hunde.*

**31** Was passiert, falls die Queen mal einen Strafzettel bekommt? Kein Problem – als Oberhaupt der britischen Königsfamilie genießt sie nämlich absolute Immunität und dürfte auch niemals verhaftet werden.

**32** Egal, wie widersinnig oder falsch über sie berichtet wird: Die Queen gibt weder Kommentare ab, noch schaltet sie Anwälte ein. Dafür hält sie auch seit Jahrzehnten ihre eiserne Devise durch, keine Interviews zu geben. Ursprünglich auch mit dem Hintergrund, nicht einzelne Medien zu bevorzugen – und andere damit zu benachteiligen. Ähnlich hält sie es mit TV-Filmen, Schlüsselromanen – und der Serie „The Crown". Es ist bekannt, dass die Königin gerne fernsieht. Und es ist zu vermuten, dass sie auch „The Crown" gesehen hat. Kommentare dazu wird es nicht geben – das wird bei Hofe als Fiktion bewertet, ein Mitspracherecht wird allenfalls bei legitimierten TV-Dokumentationen verlangt und eingefordert.

**33** Zwei sympathische kuriose Eigenheiten von Queen Elizabeth II: So besitzt die Queen weder einen Wecker noch einen Reisepass. Ersteren braucht sie nicht, weil sie sich jeden Morgen von ihrem persönlichen Dudelsackspieler wecken lässt, der vor ihrem Schlafzimmer spielt. Zweiteren braucht sie ebenfalls nicht, so der Sprecher der königlichen Familie, weil alle Reisepässe in Großbritannien im Namen der Queen ausgestellt würden. Deshalb sei es unnötig, dass sie selbst einen habe.

**34** Queen Elizabeth ist auch berühmt für ihre edle Hundezucht. Seit sie zu ihrem 18. Geburtstag im Jahr 1944 ihren ersten Welsh Corgi namens Dookie bekommen hat, ist die Queen vollkommen hingerissen von dieser als Hütehunde bekannten Hunderasse. Mehr als 30 hat sie seitdem besessen. Einen ihrer Corgis kreuzte die Queen mit einem Dachshund namens Pipkin. Die daraus entstandene Rasse heißt seitdem Dorgis.

**35** Queen Elizabeth spielt Ukulele, ist eine begabte Fotografin, die am liebsten die Mitglieder ihrer Familie fotografiert, und bekannt für überzeugende Parodien ihrer Mitmenschen, gerne auch Politiker. Leider führt sie diese aber nur im Privaten vor.

**36** Die Queen ist eine reiche Frau. Auf der jährlichen Liste der wohlhabendsten Menschen in Großbritannien liegt Elizabeth II. zuletzt mit 398 Millionen Euro auf Platz 372 allerdings weit abgeschlagen hinter britischen Milliardären, wie zum Beispiel Autorin J. K. Rowling. Berücksichtigt wird allerdings nur das private Vermögen der Queen, nicht Besitztümer der Krone wie die 15-Milliarden-Euro-Kunstsammlung im Buckingham-Palast. Und falls die Queen jemals knapp bei Kasse sein sollte, könnte sie immer noch ihr Zuhause vermieten. Pro Nacht würde es schätzungsweise eine Million Pfund kosten.

**37** Eigentlich muss Elizabeth keine Steuern bezahlen, doch seit 1992 tut sie es freiwillig. Was ihre Untertanen wohlwollend zur Kenntnis nehmen.

**38** Mit dem allergrößten Vergnügen züchtet Elizabeth II. Rennpferde und Tauben – beides sogar mit Erfolgen in Wettkämpfen. Seit über 200 Jahren sind die königlichen Ställe dabei für ihre Rennpferde bekannt: Beinahe jedes Rennen in Großbritannien wird von ihnen gewonnen. Jede Saison hat Queen Elizabeth II selbst bis zu 25 eigene Pferde im Training. Es heißt, einer ihrer größten Wünsche sei es, dass eines ihrer Pferde das Epsom Derby gewinnt. 1953 wurde Aureole bereits Zweiter, Carlton House schaffte es 2011 immerhin auf den dritten Platz.

**39** Über die Jahre hat die Queen schon unzählige und dabei auch sehr originelle Geschenke bekommen: Da werden etwa U-Bahn-Tickets oder Obstkonserven, hippe Westernstiefel oder sogar lebendige Tiere überreicht. Auf den Seychellen sind es zwei Schildkröten, Kameruns Präsident schenkt gar einen Elefanten namens Jumbo. Dazu: Faultiere, ein ausgewachsener Jaguar aus Brasilien und ein Pärchen Schwarzbiber aus Kanada. Aber keine Sorge, da im Palast natürlich keine artgerechte Tierhaltung möglich ist, vermacht die Queen solche Geschenke direkt dem Londoner Zoo.

**40** Die Queen ist das einzige amtierende Staatsoberhaupt, das noch in Uniform im Zweiten Weltkrieg gedient hat. Im Rang eines Unterleutnants arbeitete sie in der Frauenabteilung der britischen Armee.

**41** Die Queen lässt sich jedes Jahr zweimal feiern. Ihren wirklichen Geburtstag am 21. April feiert sie privat im Kreise ihrer Familie. Die offizielle Geburtstagsparty für alle, die dabei sein wollen, findet dann an einem Samstag im Juni statt. Der Grund? Das launische englische Wetter. Denn die Untertanen lässt man doch besser nicht im Regen stehen.

**42** Die Queen ist ihrer Zeit stets weit voraus. Nicht nur treibt sie bei ihrer Krönung das Fernsehen weiter voran, sie verschickt auch bereits 1976 ihre erste E-Mail – und zwar über „ARPANET", einen Vorgänger des Internets – von einer britischen Armee-Basis aus. In den 1950ern führte die Queen auch das erste telefonische Ferngespräch Englands.

**43** Unbedingt vermeiden sollte man, die Queen anzufassen oder zu drücken. Diese königliche Etikette war der Ex-First-Lady Michelle Obama offenbar nicht bekannt: Als das Gruppenfoto bei dem G-20-Gipfel 2009 geknipst wurde, legte sie ihre Hand auf die Schulter der Monarchin. Elizabeth nahm es jedoch sportlich und legte ihrerseits den Arm um die Hüfte der First Lady.

*Da drückt nichts – denn dafür sorgt eine extra eingestellte Schuheinläuferin.*

**44** Nicht nur einen Thron hat die Queen, sondern gleich neun: sechs im Buckingham Palace, zwei in Westminster Abbey und einen im House of Lords.

**45** Buckingham Palace, Wohnort und Arbeitsplatz von Queen Elizabeth II, hat 775 Zimmer. Davon sind alleine 78 Badezimmer.

**46** Das Ende des Zweiten Weltkriegs feierte die damals 19-jährige Queen mit Normalsterblichen im Londoner Green Park. Sie soll sich sogar einer wilden Party im „Ritz Hotel" angeschlossen haben.

**47** Warum die Kleider der Queen auch bei Windböen nie hochfliegen? Da hilft ihr ein genauso kluger wie schlichter Trick: In jeden Saum lässt sie das Kleid beschwerende kleine Bleikugeln nähen. So vermeidet sie geschickt (peinliche) „Marilyn-Momente".

**48** Mit der Geburt von Prinz Andrew im Jahr 1960 ist die Königin die erste regierende Herrscherin seit Königin Victoria, die ein Kind zur Welt bringt.

**49** Gerade als Queen Elizabeth II am 14. Oktober 1981 in Dunedin, der zweitgrößten Stadt Neuseelands, aus ihrem Rolls-Royce steigt, gibt es ein scharfes Geräusch. Zeugen mit militärischer Ausbildung sind sich sofort sicher: Das musste ein Gewehrschuss gewesen sein. Doch als Polizisten auf die Nachfragen von Journalisten erklären, nur ein Schild sei umgefallen, gerät der Knall schnell in Vergessenheit. Warum auch nicht: Die britische Königin, zugleich als formaler Kopf des Commonwealth auch Neuseelands Staatsoberhaupt, hat ja keine Reaktion gezeigt, ebenso wenig ihre Leibwächter. In Wirklichkeit handelt es sich wohl tatsächlich um ein Attentat, was mehr als 36 Jahre später durch neuseeländische Medien bekannt geworden ist. Entsprechende Akten sind ebenfalls freigegeben worden. Die Sicherheitsbehörden hatten demnach nie daran gezweifelt, dass der Knall tatsächlich ein Schuss gewesen war – zu typisch sei das Geräusch für einen Gewehrschuss gewesen.

**50** Britischer als die Queen geht es nicht? Stimmt nicht ganz: Der heutige Name des britischen Königshauses, Windsor, ist eine Erfindung aus dem Jahr 1917. Zuvor hieß das Geschlecht, dem die Queen entstammt, Saxe-Coburg and Gotha. Der Ururopa von Elizabeth II., Ehemann von Königin Victoria, war der Deutsche Albert von Sachsen-Coburg und Gotha. Während des Ersten Weltkriegs, als Großbritannien vier Tage nach der deutschen Kriegserklärung an Russland Deutschland den Krieg erklärt, wird der deutsche Name den britischen Royals zur Last – und so benennt König George V., Elizabeths Opa, das Geschlecht in Windsor um, nach der kleinen Stadt bei London, in der sich das königliche Schloss Windsor Castle befindet.

**51** Die Queen ohne Handtasche? Unvorstellbar. Sie besitzt mehr als 200 – umgerechnet je rund 1300 Euro teure – Accessoires des britischen Luxus-Herstellers Launer, der seit 1968 zu den königlichen Hoflieferanten gehört. Aber nicht nur als Fashion-Statement dient ihre Handtasche: Um sich Gesprächspartnern auf höfliche (und heimliche) Weise zu entledigen, wechselt die Queen ihre Tasche von der linken Hand in die rechte. Für ihre Angestellten das Zeichen, die Regentin zu „erlösen" …

**52** Die Queen hat eine persönliche Schuheinläuferin. Alle neuen Schuhe der Queen werden von einer Dienerin eingelaufen. So bekommt die Königin bei ihren vielen Terminen hoffentlich keine Blasen.

**53** 2014 wird im Garten des Buckingham Palace ein „Magic Mushroom" entdeckt. Queen Elizabeth bekommt aber keine Probleme, niemand verdächtigt sie, Drogen zu konsumieren.

**54** Zu öffentlichen Terminen ohne Hut? Auch das kommt nicht infrage. So wahrt die Queen immer die königliche Contenance. Pro Jahr lässt sie etwa 70 neue Hüte anfertigen – insgesamt besitzt sie rund 5000.

**55** Die Queen soll einen ausgeprägten Sinn für Humor haben. Als Prinz Philip von einer Pazifikreise zurückkommt und einen langen Bart trägt, stattet Elizabeth die gesamte Willkommensgesellschaft mit Fake-Bärten aus.

**56** Die Übertragung der Krönungszeremonie sorgt für einen Boom in der damals noch jungen Fernseh-Branche. Im Juli 1953 steigt die Zahl der Fernsehgeräte von wenigen Hunderttausend auf vier Millionen.

**57** Als kleines Mädchen wird die zukünftige Königin mit dem Spitznamen Lilibeth gerufen, allerdings nur von ihren engsten Vertrauten. Ihr Ehegatte Prinz Philip hat darüber hinaus die Angewohnheit, seine Frau sehr unköniglich als „Sausage" und „Cabbage" – also Würstchen und Kohlkopf – zu bezeichnen.

**58** Sie ist so berühmt, dass es sich die britische Post seit fast sieben Jahrzehnten erlauben kann, anstelle eines Ländernamens nur ihre Silhouette auf Briefmarken zu setzen.

**59** Wie schmeckt ein 68 Jahre alter Kuchen? Das kann nur derjenige verraten, der 2015 ein Stück der vierstöckigen Hochzeitstorte von Elizabeth und Philip für 560 Pfund (ca. 650 Euro) erstand. Wie das möglich war? Der Fruchtkuchen wurde in seinem Original-Pergamentpapier eingefroren. Dank seines hohen Alkoholgehalts soll das antike

*Oben links: Von wegen humorlos. Bei den jährlichen Braemar Highland Games amüsieren sich Mutter und Sohn königlich. Oben rechts: Michelle Obama unterläuft als First Lady ein echter Fauxpas; ganz spontan fasst sie die Queen an. Die reagiert aber sehr gelassen und legt ihrerseits den Arm um Michelles Taille. Unten: Der Buckingham-Palast ist das offizielle Zuhause der Queen und ihrer Familie und auch der Arbeitsplatz von Elizabeth II.*

*Oben: Fast 68 Jahre nach der Hochzeit ersteigert ein anonymer Bieter aus Los Angeles ein Stück aus der vierstöckigen blau-weißen Hochzeitstorte im Wedgwood-Stil. Verkauft hat es eine Frau, deren Vater Gast auf der Hochzeit war. Unten: Die renommierte Sammlung des Königshauses enthält einzigartige Highlights aus dem Schaffen berühmter Maler – wie hier z. B. das Gemälde „The Music Lesson" des niederländischen Künstlers Johannes Vermeer.*

Schnittchen auch nach so langer Zeit noch genießbar sein.

**60** Sehr humorlos agiert die Queen, wenn es um ihre Hunde geht – so degradierte sie einen ihrer Diener, nachdem er ihren geliebten Corgis einmal „aus Spaß" Whiskey in die Näpfe gefüllt hatte. Zusätzlich gab es zur Strafe eine Gehaltskürzung.

**61** Ihre Lieblinge bekommen kein Futter, sondern Luxus-Essen: Hasenfleisch, Hühnchen und Steak. Und das standesgemäß auf einem Silbertablett serviert. Wann immer es der Queen möglich ist, besteht sie darauf, ihre Hunde selbst zu füttern – es ist ein geliebtes Abendritual für sie.

**62** Queen Elizabeth ist der britischen Zeitung „The Sun" zufolge ein großer ABBA-Fan. Sie soll mehrere Platten der schwedischen Band besitzen und gelegentlich dazu tanzen.

**63** Die Queen geht so gut wie nie außer Haus essen. Nur ganz selten speist sie in Londoner Edelrestaurants wie dem „Bellamy", einem Franzosen. Dann wird das Lokal komplett geschlossen, sodass sie in Ruhe essen kann.

**64** Vier Mahlzeiten am Tag isst die Königin und hält sich an die „Keine Stärke"-Regel. Für Spareribs hat sie offenbar eine Leidenschaft. Ihr Lieblingsgetränk? Gin, mit viel Eis und einer Zitronenscheibe.

**65** Bei der königlichen Speisekarte ist eines absolut tabu: Knoblauch. Denn die Queen trifft jeden Tag so viele Leute. Falls doch mal eine Knolle auf dem Teller landet, soll sie aber immer Minzbonbons in der Tasche haben. Sie selbst liebt traditionsreiche Gerichte wie Roastbeef, Ente oder Lamm. Nicht serviert werden dürfen Zwiebeln, Knoblauch, Meeresfrüchte und Gerichte mit Soßen, mit denen sie sich bekleckern könnte. Gemüse kommt nur entkernt auf den Tisch, damit ihr auf keinen Fall etwas zwischen den Zähnen stecken bleibt.

**66** Um acht Uhr morgens kommt ein Diener mit einer Tasse frisch aufgebrühtem Earl-Grey-Tee (ohne Milch und Zucker) von Twinings mit ein paar Keksen in das königliche Schlafgemach. Von da an beginnt der Tag – von Hunderten Angestellten organisiert.

**67** Als Kind ist Elizabeth Alexandra Mary bei den Pfadfinderinnen. Die Gruppe „1st Buckingham Palace Company", in der sie involviert ist, wird extra für die kleine Prinzessin gegründet und soll ihr den Kontakt zu anderen Gleichaltrigen ermöglichen. In späteren Jahren ist sie Mitglied der Sea Rangers.

*Gerne trägt Queen Elizabeth II die Brosche ihrer „Kent Amethyst Demi-Parure", die einmal der Herzogin von Kent gehörte.*

**68** Schon für 140 Porträts hat Elizabeth posiert. Dabei langweile sie sich aber nicht: Sie fände es nämlich entspannend, „ganz gefühllos dasitzen zu können". Damit ist die Queen die am häufigsten porträtierte Persönlichkeit Großbritanniens. Ein erstes Hologramm-Porträt von ihr gibt es im Jahr 2003.

**69** Die Queen hat vier Kinder, acht Enkel- und bald zehn Urenkelkinder sowie 30 Patenkinder. Laut Herzogin Kate sei sie eine liebevolle Uroma: Für George, Charlotte und Louis lege sie immer kleine Geschenke aufs Zimmer. Ihrem Enkel Prinz William hat sie sogar dabei geholfen, die Gästeliste für seine Hochzeit zusammenzustellen.

**70** Falls sich die Queen doch jemals langweilt, schaut sie angeblich gerne TV-Serien wie „Downton Abbey". Sie hat auch schon einige Sets besucht, zuletzt das von „Game of Thrones".

**71** In einem Gespräch mit dem US-Botschafter in England verrät die Königin, sie finde Selfies „seltsam" und „verwirrend". Außerdem empfinde sie das Selfie-Schießen als schlechtes Benehmen.

**72** In der britischen Königin schlummert offenbar ein Schauspieltalent: Anlässlich der Eröffnung der Olympischen Spiele in London 2012 spielt sie in dem Kurzfilm „Happy and Glorious" an der Seite von „James Bond"-Darsteller Daniel Craig. Ihre Rolle: sie selbst.

**73** Im Laufe ihrer Regentschaft hat sie mehrere Millionen Menschen in den Adelsstand erhoben – darunter Sir Sean Connery, Sir Paul McCartney und Sir Elton John.

**74** Für formelle Anlässe entscheidet sich die Queen für eine Parure, ein Set, bestehend aus einer passenden Halskette, Ohrringen und natürlich einem Diadem. Trägt die Queen sehr viel Schmuck, bezeichnet sie sich selbst gerne auch mal als „Weihnachtsbaum".

**75** Obwohl die Queen längst im Rentenalter ist, nimmt sie jedes Jahr rund 430 offizielle Termine wahr. Die britische Königin hat während ihrer Regentschaft mehr als 3,5 Millionen Briefe und Korrespondenzen beantwortet. Außerdem hat sie weit mehr als 45.000 Weihnachtskarten verfasst.

**76** Sprachforschern zufolge hat sich die Aussprache der Königin über die Jahre „Richtung Mittelschicht" gewandelt. Das heißt: Ihre Sprache hat sich ihrem Volk angepasst, weil sie mehr mit Menschen aus ebendiesem zu tun hat. Dass die Queen schließlich in Slang verfällt, ist aber eher unwahrscheinlich.

**77** Als Marion Crawford (1909–1988), einst heiß geliebte Nanny, Vertraute in Kinderzeit und Jugend, in guten Zeiten „Crawfie" genannt, 1949 das Buch „The Little Princesses" über ihre Jahre mit der Queen mit einigen privaten Fotos und harmlosen Texten veröffentlicht, sieht die Queen darin einen Verrat: Crawfie wird zur unerwünschten Person bei Hof. Sie verliert das ihr auf Lebenszeit zugesicherte Wohnrecht im Nottingham Cottage im Areal des Kensington Palastes, bekommt nie mehr eine Weihnachtskarte – und erfährt völlige Missachtung durch die Royals.

1835 gründet Marie Tussaud ihr Wachsfigurenkabinett, die Figuren werden auch heute noch nach ihrer Methode gearbeitet.

**78** Technisch gesehen gehören alle Wale und Delfine in den Gewässern rings um England, Schottland und Wales der Queen. Das schreibt ein Gesetz aus dem Jahr 1324 fest, das zur Regierungszeit von König Edward II. verabschiedet wird. Das Gleiche gilt übrigens auch für die mehr als 5300 brütenden Schwanenpaare in Großbritannien, die ebenfalls alle der Königin gehören.

**79** Mehr als 50.000 Gäste empfängt die Queen jedes Jahr zu Banketts, Mittag- und Abendessen sowie Gartenpartys. Auf die offizielle Begrüßung durch die Queen wartet man im grünen Salon, der mit Seidentapeten und Bildern der königlichen Familie ausgestattet ist.

**80** Zur Hochzeit bekommt das Brautpaar 2500 Geschenke – darunter ein handgewebtes Tuch einschließlich einiger gehäkelter Spitzen, die aus von Mahatma Gandhi gesponnenem Garn hergestellt sind.

**81** Die Queen und ihre Familie besitzen mehr als 100 Kutschen. Ihre Krönungskutsche wird von acht grauen Schimmeln gezogen: Cunningham, Tovey, Noah, Tedder, Eisenhower, Snow White, Tipperary und McCreery.

**82** Die Monarchin ist sehr preisbewusst; bei Festmahlen bestellt sie für die Gäste Champagner von einer Supermarktkette. Im Empfangssaal von Schloss Windsor kämpft ein 30-Euro-Elektroheizer gegen die klamme Luft an und seit 1989 benutzt sie ausschließlich den 9-Euro-Nagellack „Ballet Slippers" von Essie.

**83** Elizabeth ist zwei Jahre alt, als die erste Wachsfigur von der jungen Prinzessin in Madame Tussauds entsteht. Seitdem gibt es 21 weitere Versionen, die letzte zum diamantenen Thronjubiläum 2012.

**84** Die königliche Sammlung von etwa 150.000 Gemälden, unter anderem von Rubens, Rembrandt, Tizian und Raffael, wird von der Königin treuhänderisch für die Nation verwaltet.

**85** Jeden Tag im Jahr, egal wo sie ist, bekommt die Königin Regierungspapiere. Dazu treffen jeden Tag über 200 Briefe aus der Öffentlichkeit ein.

**86** In ihrer Handtasche hat die Queen immer Minzbonbons, Kreuzworträtsel, Familienfotos, einen kleinen Spiegel, Lippenstift, Leckerlis für ihre Hunde sowie eine 5-Pfund-Note für den Kirchgang dabei.

**87** Prinz Philip wird seiner Ehefrau zuliebe Nichtraucher, bereits am Morgen der Hochzeit hört der Royal von einer Sekunde zur nächsten auf zu rauchen.

**88** Homeschooling kennt sie. Prinzessin Elizabeth wird zu Hause von Hauslehrern unterrichtet, darunter auch von ihrem Vater, König Georg VI.

**89** Die Königin schickt im Jahr 1969 eine Glückwunschbotschaft an die Astronauten von Apollo 11 im Zuge der ersten Mondlandung. Der Mikrofilm wird in einem Metallbehälter auf den Mond gebracht.

**90** Bei ihrem ersten Auftritt in der Öffentlichkeit an ihrem 16. Geburtstag versucht eine Begleiterin, Elizabeth mit einem Bonbon zu beruhigen.

**91** Zum Tee werden gerne Scones gereicht. Das ist ein rundliches Gebäck aus Mehl, kalter Butter und Milch. Die königliche Art, Scones zu essen, besteht darin, sie entweder mit einem Messer zu schneiden oder mit den Händen zu brechen und zuerst Sahne und dann die Marmelade aufzutragen.

**92** Die drei gescheiterten Ehen der Kinder von Queen Elizabeth sind nicht die ersten im Clan der Windsors. Prinzessin Margaret, die Schwester der Queen, lässt sich 1978 nach 18 Jahren Ehe scheiden.

**93** Die junge Elizabeth ist eine gute Schwimmerin, die sogar Wettkämpfe gewinnt. Heute hält sie sich mit Ausritten und langen Spaziergängen fit.

**94** Es ist Tradition, dass sich die Queen jeden Dienstag mit dem amtierenden Premierminister Großbritanniens trifft, um sich über aktuelle Regierungsangelegenheiten auszutauschen.

**95** Prinz Philip ist der erste Untertan, der seiner Frau schwört: „Ich, Philip, Herzog von Edinburgh, werde Euer Lehnsmann an Leib und Leben und an irdischer Verehrung; und Glauben und Wahrheit will ich Euch tragen, zu leben und zu sterben, gegen allerlei Volk." *

Oben: Folgt man einem Gesetz aus dem Jahre 1324, gehören alle Störe, Wale, Schwäne und Delfine in den Gewässern in und um das Vereinigte Königreich der Queen. Unten: Regelmäßig treffen sich die Queen und der amtierende Premier zum persönlichen Austausch. Boris Johnson hat im Rahmen der vorzeitigen Unterhauswahl 2019 in einem Interview verraten, dass das Treffen „immer ein sehr schwieriges Interview ist, weil sie immer die besten Fragen stellt".

# VON DER PRINZESSIN ZUR KÖNIGIN

*Oben: Der 1875 geborene Marcus Algernon Adams ist ein britischer Gesellschaftsfotograf, der für seine Kinderporträts bekannt ist. 1928 fotografiert er zweijährige Prinzessin. Rechts: Eine offizielle Aufnahme von Elizabeth in ihrer Sea-Rangers-Uniform während des Krieges 1944 in London.*

*Oben: Die frisch gekrönte Königin Elizabeth II. am 2. Juni 1953. Ihre Robe ist mit dem Muster der Tudor-Rose von England verziert, auf dem Kopf trägt sie die Kaiserliche Staatskrone, 1937 für ihren Vater angefertigt. Rechts: Die Queen im Jahre 1975, fotografiert von Peter Grugeon.*

*Oben: 1984 ist der berühmte kanadische Fotograf armenischer Herkunft Yousuf Karsh für das offizielle Porträt der Queen verantwortlich; 1996 dann der britische Fotograf Brian Aris, der seine Karriere als Fotojournalist beginnt, bevor er sich der Welt der Berühmtheiten zuwendet (rechts).*

*Oben: Vier Porträts, aufgenommen von ihrem Sohn Prinz Andrew im Jahr 2002, die zeigen, wie die Monarchin ganz entspannt in ein breites Lächeln ausbricht. Rechts: 2012 feiert die Queen ihr 60. Thronjubiläum – mit 22 offiziellen Veranstaltungen und der Eröffnung der Olympischen Spiele.*

73

# PFERDEFRAU DURCH UND DURCH

Ob auf dem Pferd oder in der Kutsche, als Züchterin oder Rennpferdebesitzerin – die Königin von Großbritannien ist eine Expertin voller Hingabe. Und dabei überaus erfolgreich

Text: Julia Rieß

Pferde sind ihre Leidenschaft. Die Queen ist sattelfest, und das nicht nur auf dem Pferd, sondern auch, wenn es um die Themen Pferdesport und Zucht geht. Als Rennpferdebesitzerin und Pferdezüchterin genießt sie in der Branche weltweites Ansehen. 8,8 Millionen Euro verdient sie laut „Daily Mail" zwischen 1988 und 2019 auf den Rennbahnen. Mit etwa 30 Pferden im Rennstall hat sie – verglichen mit anderen Rennsportakteuren – einen kleinen Bestand, aber der ist von hoher Qualität. „Sie wäre eine hervorragende Trainerin geworden", sagt John Warren, Zuchtberater und Racing Manager der Queen. Das Wohl der Pferde komme für sie immer zuerst, lobt er, und wenn es um die Gesundheit ihrer Tiere gehe, könne er sie Tag oder Nacht anrufen. Bei ihren jährlichen Besuchen des königlichen Gestüts Royal Stud auf dem Sandringham-Anwesen in Norfolk, nordwestlich von London, prüft sie, ob ihre Ansprüche an Aufzucht, Training und Gesundheit ihrer vierbeinigen Schützlinge erfüllt sind. Sie geht aber nicht nur mit selbst gezüchteten Galoppern an den Start. So ist das Pferd, mit dem sie bis dato am meisten Geld verdient, der Hengst Carlton House, ein Geschenk des Herrschers von Dubai, Scheich Mohammad Al Maktoum. Der Galopper bringt der Queen insgesamt 875 000 Euro ein, inzwischen arbeitet er als Deckhengst. In drei Jahrzehnten, rechnet die „Daily Mail" vor, nehmen die Pferde der Queen an 3205 Rennen teil. 534 davon gewinnen sie. So ziemlich jedes Renn-Event in Großbritannien haben die Pferde der Queen zumindest einmal gewonnen. Nur eines nicht: das Epsom Derby. Jahr für Jahr verpasst der jeweilige Favorit der Queen den Sieg. Der Laune der Queen kann das aber nichts anhaben. Sie liebt den Sport und die Pferde, und das ist ihr wichtiger als ein Sieg. Matthew Newman, Experte bei der britischen Pferderennsportseite myracing.com: „Sie macht es zu 100 Prozent aus reiner Freude. Es gibt eine lange königliche Rennsporttradition, und ich denke, dass sie es

*Sie setzt sich für den Erhalt und die Zucht traditioneller britischer Pferderassen ein*

genießt, das fortzuführen. Niemand würde je ihre aufrichtige Liebe zu ihren Pferden infrage stellen." Man sehe förmlich, wie sie auf der Rennbahn aufblüht, so Newman: „Ein Blick auf ihr Gesicht, wenn die Pferde loslaufen, verrät einem alles, was man wissen muss." Auch der Reiterverband International Federation of Equestrian Sports ist von der Mischung aus Sachverstand und Pferdeliebe angetan und verleiht der Königin im Jahr 2014 den Lifetime Achievement Award. Die Verbandspräsidentin Prinzessin Haya erklärt bei der Überreichung der Auszeichnung, warum: „Ihre Majestät Königin Elisabeth II. ist ihr Leben lang eine Liebhaberin von Pferden, die Millionen auf der ganzen Welt inspiriert hat. Sie ist wahrlich eine Reiterin, die ihrem Hobby stets nachgeht, solange es ihr die royalen Pflichten erlauben. Ihr Wissen über Pferdezucht und die Blutlinien ist unglaublich. Die Verbindung zwischen der Queen und ihren Pferden ist wirklich außergewöhnlich."

Neben dem Rennsport widmet sich die britische Königin auch der Zucht unterschiedlicher Rassen. Das familieneigene Gestüt beim Landsitz Sandringham beherbergt die kleine, aber feine Vollblutzucht der Queen, die als Pedigree-Expertin ersten Ranges gilt. Daneben setzt sie sich für den Erhalt und die Zucht traditioneller britischer Pferderassen wie Shetland-, Highland- oder Fell-Ponys ein. Letztere sind übrigens nicht nach ihrer Haarpracht benannt, sondern nach der Hügelkette „Fells", die in der unwirtlichen Region in Cumbria im Norden Englands liegt, von der die Tiere stammen.

Der langjährige Bedienstete der Queen und Butler der Königsfamilie Paul Burrell ist sich sicher: Wäre die Queen nicht Königin geworden, dann würde sie mit ihren Pferden und Hunden auf dem Land leben und damit sehr glücklich sein. Sie hadere aber nie mit ihrem Schicksal, stellt er gleichzeitig klar. Im Podcast „The Secret To" mit Vicky Pattison erzählt Burrell: „Wir haben eines

*Mit ihrer Stute Betsy auf dem Sandringham-Anwesen im Jahr 1964. In einem ansonsten minutiös durchgeplanten Leben „bedeuten Pferde ein Stück Freiheit für Queen Elizabeth", verrät ein Palast-Insider.*

Der Einstieg ins Renn- und Zuchtgeschäft kommt mit dem Tod ihres Vaters im Jahr 1952: Elizabeth erbt den Zucht- und Rennbestand von König George VI. Seitdem entscheidet sie durchschnittlich neun Rennen pro Jahr für sich. Eines der ersten davon war das Hardwicke-Stakes-Galopprennen in Ascot am 18. Juni 1954. Ihr Hengst Aureole (links) wird von Eph Smith zum Sieg geritten (unten). Die Queen strahlt, während sie ihr Pferd nach dem Sieg in Ascot streichelt. Der Hengst ist ein Vermächtnis ihres Vaters (oben).

*Die Rappstute Burmese, ein Geschenk der Royal Canadian Mounted Police (RCMP) an die Queen, trägt die Monarchin 18 Jahre lang bei der jährlichen Militärparade „Trooping the Colour". Von Burmese und sich selbst lässt die Monarchin eine überlebensgroße Bronzestatue anfertigen. Das Denkmal steht im kanadischen Regina, dem Geburtsort der Stute.*

Tages die Hunde gefüttert, und sie sagte zu mir: ‚Ich habe einen Eid vor Gott geschworen, Paul, in der Westminster Abbey an dem Tag, als ich zur Königin gekrönt wurde, um meinem Land zu dienen, solange mein Körper atmet, und das ist es, was ich vorhabe zu tun.‘ Allerdings seien die Prioritäten im Königshaus, was die Beziehungen angeht, stets klar gewesen. „Wir hatten ein Sprichwort im Buckingham Palace", so Burrell, „Pferde, Hunde, Ehemänner und Kinder, und das war die Rangordnung. Sogar die Pferde kamen vor ihrem Ehemann." So ernst die Queen ihre Pflichten schon immer nimmt – ihre Gedanken sind vielleicht doch öfter auf der Rennbahn als im Schloss, wie folgende Anekdote vermuten lässt: Die Krönung der Queen im Juni 1953 steht bevor. Als kurz vor der Zeremonie eine Hofdame besorgt zur Königin sagt: „Sie müssen wohl sehr nervös sein, Ma'am.", antwortet diese: „Natürlich bin ich das, aber ich denke doch, dass Aureole gewinnen wird." Aureole ist der Star im Rennpferdestall der Queen und soll am darauffolgenden Tag beim Derby antreten. Der Hengst geht jedoch als Zweiter durchs Ziel.

Die Leidenschaft für Pferde wird Elizabeth in die Wiege gelegt: Ihre Eltern, der spätere König George VI. (1895–1952) und

### Fast alle Mitglieder des Königshauses sind bekennende Pferdenarren

„Queen Mum", Elizabeth Bowes-Lyon (1900–2002), sind große Pferdefreunde. Geweckt wird die Leidenschaft, als die zukünftige Königin im zarten Alter von drei Jahren vorsichtig auf einen Pferderücken gesetzt wird. Und als ihr Großvater König George V. ihr ein Jahr später das Shetlandpony Peggy schenkt, ist es vermutlich schon ganz um sie geschehen. Von frühester Kindheit an bis ins hohe Alter begleiten Pferde die Königin. Die Vierbeiner spielen bei den Royals immer eine große Rolle und sind bis heute ein wichtiger Bestandteil des höfischen Lebens. Neben der Queen sind fast alle Mitglieder des Königshauses bekennende Pferdenarren und zum Teil hervorragende Reiter. Kaum ein Familienmitglied bis hin zur Generation William und Harry, das nicht dem Vielseitigkeitsreiten, dem Pferderennen oder dem Polospiel zugewandt ist oder gar im Sattel an Olympischen Spielen teilgenommen hat.

So ist Elizabeth's Gatte Prinz Philip bis 1970 im Polosport aktiv und wechselt dann ins Fahrsportlager, wo er WM-Erfolge im Vierspänner feiert. Bis ins hohe Alter bleibt er dem Sport treu und nimmt an Wettbewerben teil. Allerdings wechselt er irgendwann von den temperamentvolleren Holsteinern zu den gelassenen

*Die Queen reitet auch mit 94 Jahren noch gerne auf ihrem Fell-Pony über das Anwesen rund um Windsor Castle. Nie mit Helm – aber immer mit Kopftuch.*

Fell-Ponys. 22 Jahre lang ist er Präsident der FEI. Thronfolger Prinz Charles nimmt selbst als Jockey an Pferderennen teil und ist rund vier Jahrzehnte lang begeisterter und international erfolgreicher Polospieler mit beachtlichem Handicap. Auch er kann einen Viererzug lenken und geht begeistert zur Fuchsjagd. Seine Söhne William und Harry sind gute Polospieler und Jagdreiter. Nur Schwiegertochter Kate hat einen schweren Stand: Inmitten der pferdevernarrten Familie kämpft sie mit einer Pferdehaarallergie.

Prinzessin Anne ist passionierte Vielseitigkeitsreiterin, wird 1971 in Burghley Europameisterin auf einem von der Queen selbst gezogenen Pferd namens Doublet und nimmt 1976 als erstes Mitglied der Royal Family an Olympischen Spielen in Montreal teil. Über sie sagt ihr Vater Prinz Philip einst etwas unfein: „Anne interessiert sich für niemanden, der kein Heu frisst und furzt." Annes Tochter Zara Tindall, geborene Phillips, erbt die Leidenschaft und gehört ebenfalls zur internationalen Spitze in der Vielseitigkeit. Insgesamt gewinnt sie dreimal EM-Gold. 2006 wird sie in Aachen Weltmeisterin der Vielseitigkeit und gewinnt mit der Mannschaft Silber. Ihre Teilnahme an den Olympischen Spielen muss sie gleich zweimal zurückziehen, weil sich ihr Pferd Toytown verletzt. Doch im Jahr 2012 kann sie schließlich mit der Mannschaft Olympisches Silber holen. Die Queen freut sich über Zaras Erfolge, aber auch darüber, dass sich ihre Lieblingsenkelin zur Physiotherapeutin für Mensch und Pferd ausbilden lässt.

Großbritannien hat sich die uralte kulturhistorische Bindung zum Pferd erhalten, und daran ist nicht zuletzt die Pferdeliebe des Königshauses schuld. So ist die Kavallerie noch immer ein regulärer Bestandteil des Militärs – außer Großbritannien gibt es nur noch wenige Staaten, bei denen dies so ist. Die berittenen

Einheiten sind fester Bestandteil bei Zeremonien, wie der Militärparade „Trooping the Colour", die jedes Jahr im Juni zu Ehren des Geburtstags der Queen durchgeführt wird. Die Parade wird von der Königin abgenommen, die diese 36-mal auf dem Pferd im Damensattel begleitet. Seit 1987 nimmt die Queen aufgrund ihres Alters in einer Kutsche teil.

Und dann gibt es da ja auch noch die lebenslange enge Freundschaft der Queen zu Lord Henry Porchester, die immer mal wieder für Spekulationen sorgt, vor allem nachdem die Netflix-Serie „The Crown" im Jahr 2019 diesbezüglich die Fantasien anregt. Es ist gar die Rede davon, dass Lord Porchester der echte Vater von Prinz Andrew, der im Februar 1960 zur Welt kommt, sein könnte. „Porchie" ist ein Pferdenarr und steigt bereits mit 19 Jahren in die Pferdezucht ein. Er und die zwei Jahre jüngere Elizabeth kennen sich von Kindesbeinen an. Er begleitet sie zum Debütantinnenball und zu Pferderennen. Sie verbindet die gemeinsame Leidenschaft für Pferde. 1969 wird Porchie der Renn-Manager der Queen. Auf einer gemeinsamen viertägigen Reise nach Frankreich und Amerika sehen sich die beiden verschiedene Ställe und Gestüte an und holen sich neues Wissen für Zucht und Rennsport. Vielleicht bekommt Elizabeth auf dieser Reise eine Idee davon, wie sich ihr Leben angefühlt hätte, wäre nicht ihr vorbestimmtes Schicksal gewesen, Königin von Großbritannien zu werden. Denn dann wäre sie bestimmt Pferdezüchterin geworden, glaubt auch die Historikerin und Königshaus-Kennerin Kate Williams und bestätigt damit die Vermutung des Butlers Paul Burrell. Aber Elizabeth habe gewiss nie Augen gehabt für jemand anderen als ihren Prinz Philip. Porchie stirbt im Alter von 77 Jahren im September 2001 an einem Herzinfarkt. Sein Schwiegersohn John Warren übernimmt seine Nachfolge als Renn-Manager der Queen. ✳

**Die enge Freundschaft zu Lord Henry Porchester sorgt immer mal wieder für Spekulationen**

FOTO: YOUSUF KARSH/CAMERA PRESS/PICTURE PRESS/DDP

*Gäbe es eine Botschafterin für den besten Freund des Menschen unter den Royals, dann hätte Queen Elizabeth II diese Rolle inne.*

# WILLOW WAR DER LETZTE ...

## Die Queen züchtet nicht nur Pferde und Ponys, sondern mit besonderer Vorliebe auch Corgis und Dorgis

Erst Pferd, dann Hund, dann Ehemann und zuletzt die Kinder: Das ist die „Rangliste" der Queen, die inoffiziell im Königshaus kursiert. So erleben die Angestellten die Prioritäten Ihrer Majestät. Mit „Hund" sind vor allem die als Hütehund bekannten Welsh Corgis und die von der Queen kreierte Rasse Dorgis gemeint. Denn seit König George VI. und Queen Mum im Jahr 1933 den ersten Corgi, Dookie, nach Hause bringen, ist Elizabeth verrückt nach den kurzbeinigen Hunden. Zu ihrem 18. Geburtstag im Jahr 1944 bekommt Prinzessin Elisabeth eine eigene Corgi-Dame: Susan. Die wirft ihre ersten Welpen im Jahr 1949. Das ist der Startschuss für die königliche Corgi-Zucht, die mittlerweile mindestens 14 Hundegenerationen umfasst. Mehr als 30 Welsh Corgi Pembrokes hat Ihre Majestät während der letzten 70 Jahre besessen – und alle sollen Nachfahren ihrer geliebten Susan sein. Einen ihrer Corgis namens Tiny kreuzt sie im Jahr 1971 mit einem Dachshund namens Pipkin. Ob dies

absichtlich geschieht oder ein Unfall ist, ist nicht bekannt. Das Ergebnis aber findet die Queen entzückend. Die daraus entstandene Rasse nennt sie Dorgis, die sie fortan züchtet. Ihren letzten reinrassigen Corgi, Willow, hat die Queen 2018 im Alter von 13 Jahren einschläfern lassen müssen. Einer ihrer letzten Dorgis, Vulcan, stirbt im November 2020. Übrig bleibt nur noch Dorgi Candy – der allerdings Anfang 2021 quirlige Gesellschaft bekommt. Der Queen werden zwei Corgi-Welpen geschenkt. „Die Queen ist entzückt", zitiert die „Sun" einen Palast-Insider. „Es ist undenkbar, dass die Queen keine Corgis hat – das ist, als wenn der Londoner Tower keine Raben hätte." Die Hunde der Queen führen übrigens alles andere als ein Hundeleben. So lässt Queen Elizabeth II ihren Lieblingen gern traditionelle englische Rosinenbrötchen mit Sahne und Erdbeermarmelade servieren. Die Tierärzte sehen das zwar überhaupt nicht gern, doch gegen die Königin sind sie machtlos ...

DIE GLORREICHEN 12

# KÖNIGLICHE HOCHZEITEN

Wenn sich Prinzen und Prinzessinnen das Jawort geben, gibt es in der Öffentlichkeit kein Halten mehr. Seit der Hochzeit von Prinzessin Margaret wollen Millionen von Menschen live dabei sein

Wir haben uns mittlerweile daran gewöhnt, königliche Hochzeiten in all ihrer Pracht im Minutentakt im Fernsehen zu verfolgen. Die Zuschauer zu Hause haben sogar einen besseren Blick auf das Geschehen als die VIPs, die tatsächlich an den Hochzeiten teilnehmen. Doch das war nicht immer so. Vor über siebzig Jahren konnte man die Hochzeit von Prinzessin Elizabeth und Philip Mountbatten entweder in einer Wochenschau sehen, die aus diskreter Entfernung in der Westminster Abbey aufgenommen wurde, in den Straßen Londons einen Blick auf die Kutsche erhaschen oder darüber am nächsten Tag Berichte in den Zeitungen lesen. Die erste königliche Hochzeit, die live im Fernsehen übertragen wird, findet erst 1960 statt, als die Schwester der Königin, Prinzessin Margaret, den Fotografen Antony Armstrong-Jones heiratet – es ist eine unglaublich glamouröse Zeremonie, die noch Jahre später Nachahmer-Bräute anlockt. Dennoch gibt es hier immer noch private Elemente des Rituals, die der Öffentlichkeit vorenthalten werden.

Dann aber, 21 Jahre später, ist die Öffentlichkeit eingeladen, die Zeremonie hautnah mitzuerleben, und seitdem sind wir dabei. Als Thronfolger Prinz Charles 1981 Lady Diana Spencer heiratet, wird dies aus jedem Winkel gefilmt. Es ist das erste Mal, dass das TV-Publikum das königliche Paar beim Austausch des Eheversprechens tatsächlich sehen kann. Der Gesichtsausdruck des Brautpaares lässt sich bis ins kleinste Detail verfolgen. Ähnliche Aufmerksamkeit gibt es, als Charles' und Dianas Sohn, Prinz William, 2011 Catherine Middleton heiratet, die fast noch gesteigert wird, als Prinz Harry mit der amerikanischen Schauspielerin Meghan Markle den Bund der Ehe eingeht.

Es ist hart für die Royals. Ja, sie bekommen eine Hochzeit, die ihresgleichen sucht, aber die private Romantik, die Freude, die man mit seinen engsten Freunden und der Familie teilt, ist für die königliche „Firma" nicht möglich. Ihre Hochzeiten sind nationale Stimmungsaufheller, ein Tag des Glücks in oft düsteren Zeiten. Sie gehören dem Volk. Für die Öffentlichkeit ist es eine Chance, Teil eines historischen Moments und zunehmend etwas unglaublich Glamourösem zu sein. Alle Augen sind auf das Hochzeitskleid, die Brautjungfern und Pagen, das königliche Gefolge und die prominenten Gäste gerichtet. Die einzige Ausnahme ist der Corona-Pandemie geschuldet: Wie der britische „Mirror" berichtet, ist Prinzessin Beatrice das erste royale Familienmitglied seit über 200 Jahren, das seine Hochzeit geheim hält und Details erst später veröffentlicht. Für die Royals gilt es auch, alte Protokolle zu beachten. Das Königliche Heiratsgesetz von 1772, das 2015 im Zuge einer Modernisierung geändert wurde, schreibt vor, dass die ersten sechs in der Thronfolge die Zustimmung der Königin zur Heirat einholen müssen. Seit dem Succession to the Crown Act von 2013 behalten Mädchen ihren Platz in der Thronfolge – zuvor wurden sie automatisch von einem jüngeren männlichen Geschwisterkind überholt –, und Royals können nun einen Katholiken heiraten. Allerdings kann ein zukünftiger Monarch nicht katholisch sein, da er oder sie seit der Zeit von König Heinrich VIII. auch Oberhaupt der Kirche von England ist.

Die Ironie dabei ist, dass fünf der zwölf Hochzeiten, die vor der ganzen Welt abgehalten wurden, dennoch nicht glücklich verliefen. Aber das ist eine andere Geschichte. ✻

**PRINZESSIN MARGARET**

*heiratet Antony Armstrong-Jones,
6. Mai 1960*

Da Margaret eine wichtige königliche Person und die vierte in der Thronfolge ist, ist auch ihre Hochzeit ein glanzvolles Ereignis, das dem ihrer Schwester 13 Jahre zuvor in nichts nachsteht. Die erste königliche Hochzeit, die im Fernsehen übertragen wird, zieht rund 300 Millionen Zuschauer auf der ganzen Welt an – unglaublich für eine Zeit, in der viele Haushalte, ja sogar Länder noch kein Fernsehen haben. Alles findet im ganz großen Stil statt, 2000 Gäste kommen in der Westminster Abbey zusammen. Die Prinzessin begeistert in ihrem weißen Norman-Hartnell-Kleid und einem Diamant-Diadem das Publikum. 1961 erhält ihr Ehemann dann den Titel Earl of Snowdon, und ebenfalls in diesem Jahr bringt Margaret David, Viscount Linley, zur Welt. 1964 wird dann die kleine Lady Sarah geboren.

*Prinzessin Anne kommt am Arm ihres strahlenden Vaters Prinz Philip in der Westminster Abbey an, um ihren attraktiven Bräutigam Mark Phillips zu heiraten. Sie entscheidet sich für ein hochgeschlossenes Hochzeitskleid im Tudor-Stil mit mittelalterlichen Ärmeln, entworfen von Maureen Baker. Rund 100 Millionen Zuschauer auf der ganzen Welt verfolgen die Zeremonie im Fernsehen. Die neunjährige Lady Sarah Armstrong-Jones, Tochter von Prinzessin Margaret, ist Brautjungfer, während Annes jüngster Bruder, Prinz Edward, ebenfalls neun Jahre alt, Pagenjunge ist. Dass diese Hochzeit ein voller Erfolg ist, kann man am glücklichen Lächeln der Königin auf dem offiziellen Foto von Annes Hochzeitsgesellschaft im Buckingham-Palast sehen. Als erfolgreiche Reiterin verbindet Anne mit dem Armeeleutnant Mark Phillips die gemeinsame Liebe zu Pferden. Das Paar bekommt zwei Kinder, Peter und Zara. 1992 kommt es zur Scheidung, noch im selben Jahr heiratet Anne Timothy Laurence, den sie kennenlernt, als dieser als Stallbursche der Königin dient. Die zweite Hochzeit findet in Schottland statt, weil die Kirche von England zu dieser Zeit geschiedenen Menschen nicht erlaubt, in ihren Kirchen zu heiraten, wenn ihr früherer Ehepartner noch lebt.*

*Die Hochzeit von Charles, Prinz von Wales, und Lady Diana Spencer wird als „Hochzeit des Jahrhunderts" bezeichnet und von schätzungsweise 750 Millionen Menschen weltweit im Fernsehen verfolgt. Lady Diana sieht Prinz Charles zum ersten Mal 1977, als sie 16 Jahre alt ist und er sich mit ihrer älteren Schwester Lady Sarah trifft. 1980, an einem Wochenende auf dem Land, als Charles Polo spielt, nimmt die Romanze ihren Lauf. Er lädt Diana zu einem Treffen mit der königlichen Familie nach Balmoral ein, wo sie freundlich empfangen wird, und macht ihr im Februar 1981 einen Antrag. Dianas ausladendes Kleid mit einer 7,6 Meter langen Taftschleppe (der längsten in der Geschichte königlicher Hochzeiten), opulenten Puffärmeln und antiker, mit Perlen und Pailletten bestickter Spitze passt kaum in die gläserne Kutsche, die zur St. Paul's Cathedral fährt. Diese wird der traditionellen königlichen Hochzeitslocation, der Westminster Abbey, vorgezogen wird, weil sie mehr Menschen fassen kann. Die beiden sind das erste britische Königspaar, das auf das „obey" in seinem Gelübde verzichtet und eine neue Tradition einführt – den Kuss auf dem Balkon des Buckingham Palace. Die Menge ist begeistert, und eine Zeitung stellt gleich die richtige Frage: „Wird dies der Stern sein, der sie alle überstrahlt?"*

## PRINZ ANDREW

### heiratet Sarah Ferguson, 23. Juli 1986
• • •

*Prinz Andrew und Sarah Ferguson kennen sich seit ihrer Kindheit, aber erst auf einer Party auf Schloss Windsor im Jahr 1985 nimmt ihre Beziehung Fahrt auf. Bei der Hochzeit ein Jahr später trägt die Braut ein elfenbeinfarbenes Herzogin-Satin-Kleid mit einer 5,2 Meter langen Schleppe von Lindka Cierach, während der Bräutigam in seiner Marine-Uniform glänzt. Eine atemberaubende Anzahl von 30.000 Blumen füllt die Westminster Abbey, als das frisch vermählte Paar die Gänge entlangschreitet. Prinz William und Harry agieren als Pagen, die mit ihren Späßen in der Abtei zeitweise dem Hochzeitspaar die Show stehlen. Prinzessin Beatrice kommt 1988, Prinzessin Eugenie 1990 zur Welt – der Druck von Andrews Job als Marinehubschrauberpilot und die Tatsache, in der Öffentlichkeit zu stehen, belastet die Ehe. 1992 geben sie eine „freundschaftliche Trennung" bekannt.*

## PRINZ EDWARD

### heiratet Sophie Rhys-Jones, 19. Juni 1999
• • •

*Prinz Edward lernt Sophie Rhys-Jones 1993 bei einer Strategiesitzung für eine Wohltätigkeitsveranstaltung kennen. Sie heiraten 1999 in der St. George's Chapel, Windsor, und verbringen anschließend als Earl und Countess of Wessex ihre Flitterwochen in Balmoral. Im Gegensatz zu anderen königlichen Hochzeiten ist die Zeremonie hauptsächlich für Familie und Freunde. Die Gäste werden gebeten, „Abendkleider" und keine Hüte zu tragen – mit Ausnahme der Königin, die einen lavendelfarbenen Hut zu ihrem langen Kleid trägt.*

## PRINZ CHARLES

*heiratet Camilla Parker Bowles,*
*9. April 2005*

*Mehr als 30 Jahre nach dem Beginn ihrer Romanze heiratet Prinz Charles schließlich Camilla Parker Bowles in einer kleinen privaten Ziviltrauung in der Windsor Guildhall. Danach geht es nach Schloss Windsor zu einem Segnungsgottesdienst, der vom Erzbischof von Canterbury geleitet wird und an dem 800 Angehörige und Freunde des Paares teilnehmen, darunter die Queen, der Herzog von Edinburgh und die Prinzen William und Harry. Camilla wählt einen Mantel aus Austernseide und ein Chiffonkleid für die Hochzeit und wechselt für die Segnung zu einem blauen Seidenkleid. Ihre Ringe sind aus walisischem Gold gefertigt. Prinz Charles trifft Camilla Shand zum ersten Mal bei einem Polospiel in Windsor im Jahr 1971. Er mag ihre natürliche, freundliche und selbstbewusste Art. Das Paar trennt sich, als Charles der Royal Navy beitritt. Er ist Berichten zufolge verzweifelt, als er im Juli 1973 erfährt, dass Camilla Andrew Parker Bowles heiraten wird. Charles heiratet Diana 1981, gibt aber später zu, dass er seine Romanze mit Camilla wieder hat aufleben lassen, nachdem seine erste Ehe 1986 „unwiederbringlich gescheitert" ist.*

# PRINZ WILLIAM

*heiratet Kate Middleton,*
*29. April 2011*

• • •

*Eine Million Menschen säumen die Straßen in der Hoffnung, einen Blick auf Prinz William und Catherine Middleton zu erhaschen, während schätzungsweise zwei Milliarden Menschen auf der ganzen Welt zuschauen. Das Brautkleid aus Satin und Seide, von Sarah Burton für Alexander McQueen entworfen, hat eine 2,7 Meter lange Schleppe. Um ihren Schleier an seinem Platz zu halten, trägt Kate eine Cartier-Scroll-Tiara mit 1000 Diamanten, die 1936 angefertigt und ihr von der Königin geliehen wurde.*

Peter Phillips ist das erste Enkelkind der Queen, das den Bund der Ehe eingeht, als er die kanadische Unternehmensberaterin Autumn Kelly in der St. George's Chapel in Windsor heiratet. Die Öffentlichkeit ist allerdings von der Hochzeit weitgehend ausgeschlossen, die in britischen Medien als „Probelauf" für weitere royale Eheschließungen in der Enkelgeneration dargestellt wird. Weil die frisch Vermählten nicht zu jenem engen Kreis von Royals zählen, der teilweise vom britischen Steuerzahler finanziert wird, gibt es keine öffentliche Parade des Paares in den Straßen der Residenzstadt. Das Paar hat zwei Kinder, Savannah und Isla Phillips; im Februar 2020 gibt es seine Trennung bekannt.

## PRINZESSIN ZARA PHILLIPS

*heiratet Mike Tindall,
30. Juli 2011*

• • •

Zara Phillips, Tochter von Prinzessin Anne, lernt Mike Tindall kennen, als er 2003 bei der Rugby-Weltmeisterschaft in Australien spielt. Sie werden einander in einer Bar in Sydney von Zaras Cousin, Prinz Harry, vorgestellt. Die erfolgreiche Profi-Reiterin (ihre Paradedisziplin: Vielseitigkeitsreiten) und der damalige englische Rugby-Kapitän Mike Tindall entscheiden sich für eine entspannte Hochzeit in der schottischen Canongate-Kirche mit einem Empfang im Palace of Holyroodhouse in Edinburgh, wo sich die Queen und der Duke of Edinburgh unter die Rugby-Stars mischen.

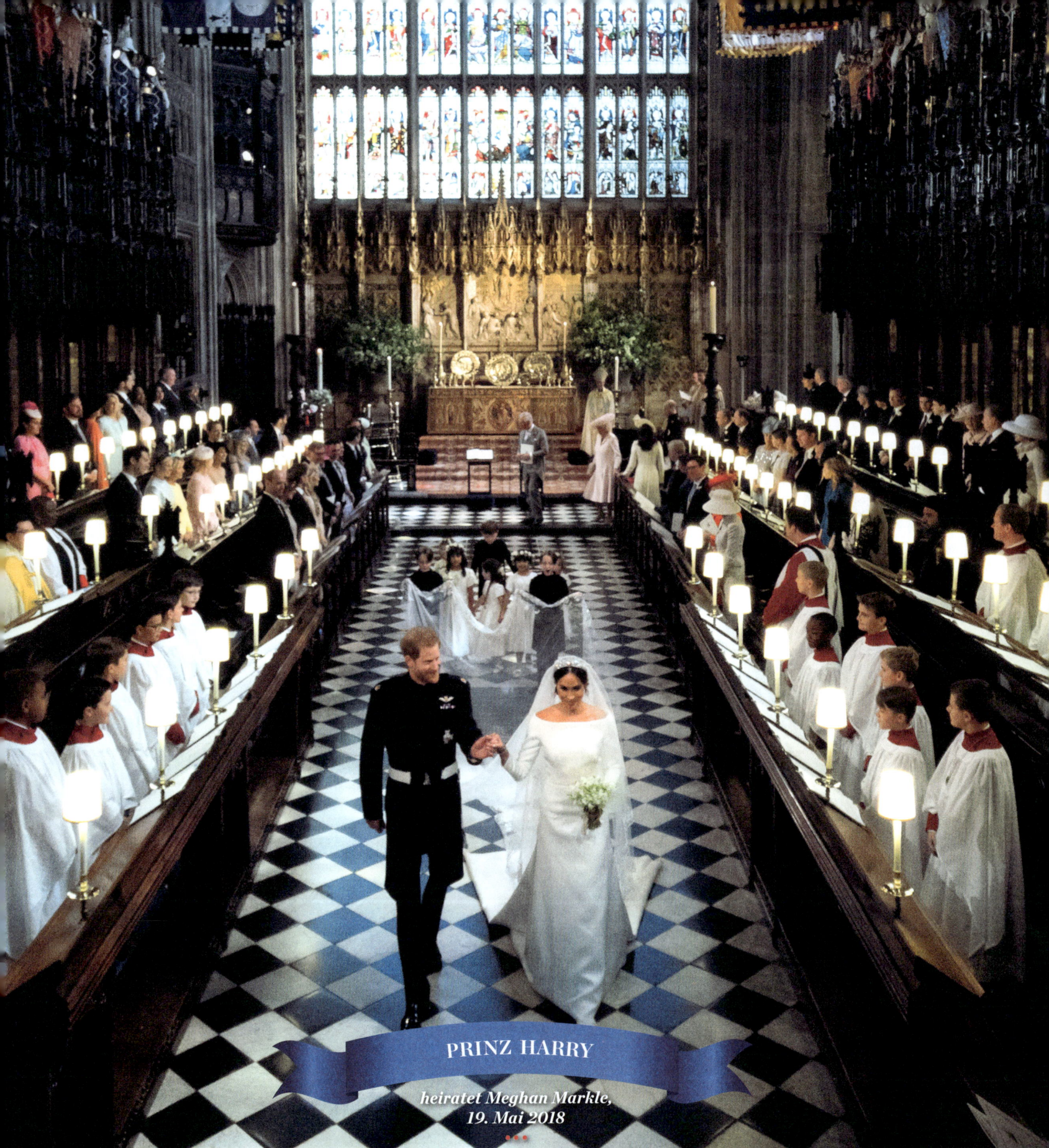

## PRINZ HARRY

*heiratet Meghan Markle,*
*19. Mai 2018*

• • •

*Von den feierlichen Worten des Erzbischofs von Canterbury bis zur mitreißenden Ansprache von Reverend Michael Curry, vom sanften Cellokonzert bis zum temperamentvollen „Stand by Me" vom Kingdom-Gospelchor – Harrys und Meghans Hochzeit ist eine berauschende Mischung aus Tradition und Moderne, Großbritannien und den USA, die mehr als zwei Milliarden Zuschauer weltweit begeistert und überrascht. Prinz Harry und Meghan Markle geben sich in der St. George's Hall auf Schloss Windsor vor 600 Verwandten, Gästen und Prominenten das Jawort. Meghan trägt ein elegantes Kleid, entworfen von der britischen Designerin Clare Waight Keller vom französischen Modehaus Givenchy, und einen schillernden Aquamarinring, eines der Lieblingsstücke von Prinzessin Diana.*

Als Tochter von Prinz Andrew und Sarah Ferguson zählt Prinzessin Eugenie Victoria Helena of York – gemessen an einer Meghan-Harry-Skala – nicht zu den bekanntesten Royals, aber zumindest in Großbritannien wird ihr Leben von Geburt an auf Schritt und Tritt beobachtet. Dementsprechend ist die Hochzeit von Prinzessin Eugenie ein Großereignis, bei dem nicht nur die gesamte britische Königsfamilie anwesend ist, sondern das auch live im britischen TV übertragen wird. Die Braut entscheidet sich für ein Kleid mit tiefem Rückenausschnitt des britischen Labels Peter Pilotto, entworfen von dem Designerduo Peter Pilotto und Christopher de Vos, deren Mode ihr seit Jahren schon gefällt. Dazu trägt sie die „Grenville Emerald Kokoshnik Tiara" – eine Leihgabe der Queen. Die Tiara stammt von der Juwelier- und Uhrmacherkette „Boucheron".

Die erste Hochzeit im Königshaus, die unter Corona-Bedingungen stattfindet: Prinzessin Beatrice, die Tochter von Prinz Andrew und Sarah Ferguson, heiratet in einer kleinen privaten Zeremonie auf dem Gelände von Schloss Windsor. Bräutigam ist Edoardo Alessandro Mapelli Mozzi, ein Immobilienentwickler aus London. Statt einen Top-Designer anzuheuern, entscheidet sich die 31-jährige Beatrice für ein glamouröses, gebrauchtes Kleidungsstück von Queen Elizabeth II. Das elfenbeinfarbene Kleid ist ein Originaldesign von Norman Hartnell und eines der Lieblingsstücke der Königin, die es 1962 für einer Filmpremiere anfertigen lässt. Es besteht aus Peau-de-Soie-Taft und ist mit ebenfalls elfenbeinfarbenem Duchesse-Satin verziert. Für Beatrice umgestaltet wird es Presseberichten zufolge von Angela Kelly (siehe S. 100) und Stewart Parvin, die beide regelmäßig mit der Queen zusammenarbeiten.

# Das Schönste aus den Königshäusern

**HEFT NR. 3/2021 | DEUTSCHLAND € 3,80 | ÖSTERREICH € 4,40 | SCHWEIZ CHF 6,90 | LUXEMBURG € 4,60 | NIEDERLANDE € 4,20 |**

## FRAU IM SPIEGEL

# ROYAL

**DAS SCHÖNSTE AUS DER WELT DER KÖNIGSHÄUSER**

**Charlène & Albert**
## Ihre Bilanz nach 10 Jahren Ehe

**König Juan Carlos**
## Sein geheimes Milliarden-Vermögen

Charlotte Casiraghi

Olympia von Griechenland

Kitty Spencer

**Charlotte Casiraghi & Co.**
## So erobert der Adel die Modewelt

**QUEEN ELIZABETH**
# Kann sie MEGHAN verzeihen?
**Ihr Schicksal liegt in den Händen der Königin**

**Diana**
*Althorp – das Schloss ihrer Kindheit*

# Jetzt im Handel

oder bequem nach Hause bestellen: www.frau-im-spiegel.de/fisroyal-abo, Tel. 0211-538053-33

Neu auch im App Store und bei Google Play

# EINE STARKE VERBINDUNG

Nicht nur Prinz William wendet sich mit allen wichtigen Fragen zuallererst an seine Großmutter. Diese Rolle der verantwortungsbewussten Groß- und Urgroßeltern ist für die Queen und den Herzog etwas ganz Besonderes

Als die Königinmutter 2002 stirbt, hält Prinz Charles eine bewegende Ansprache, in der er die ganz besondere Beziehung hervorhebt, die er und seine „liebe, zauberhafte" Großmutter geteilt haben. Für ihn, sagt er, „bedeute sie alles. Ich habe mich vor diesem Moment gefürchtet. Irgendwie habe ich nie gedacht, dass er kommen würde. Sie schien einfach unaufhaltsam zu sein."

Diese Art von enger, vertrauter Beziehung zur Großmutter gibt Charles an die nächste Generation weiter. Prinz William hat die gleiche besondere Verbindung zu seiner Großmutter, der Queen. Sie stehen sich seit seiner Schulzeit in Eton sehr nahe. William ging jeden Sonntagnachmittag mit der Königin zum Tee ins nahe gelegene Schloss Windsor – ein ähnliches Ritual wie bei der Königinmutter, die durch ihre regelmäßige Korrespondenz mit Charles verbunden war, ganz gleich, ob dieser sich in Schottland oder Australien aufhielt.

Es gibt einen berühmten Moment, als William als Kleinkind im Buckingham Palace umfällt und anfängt zu rufen: „Gary, Gary!" Als ein Gast fragt, wer denn Gary sei, erklärt Ihre Majestät: „Ich bin Gary. Er hat noch nicht gelernt, Granny zu sagen!" Heute nennt Williams Sohn, Prinz George, seine Urgroßmutter „Gan-Gan", verrät die Herzogin von Cambridge. Und es ist nicht nur die königliche Großmutter, die ihren Enkelkindern nahesteht. Prinz Harry und der Herzog von Edinburgh teilen zum Beispiel einen recht derben Sinn für Humor und werden häufig beim gemeinsamen Lachen gesehen. Wenn man sich Fotos von einem bärtigen Prinz Philip in Uniform aus dem Jahr 1957 ansieht, ist die Ähnlichkeit mit dem heutigen Prinz Harry verblüffend.

Gerüchten zufolge ist der älteste Enkel Peter Phillips, Sohn von Prinzessin Anne und ihrem ersten Ehemann, Kapitän Mark Phillips, der Liebling der Königin: „Ich stand meiner Großmutter immer sehr nahe, und wir sprechen oft miteinander. Sie ist mein ganzes Leben lang schon eine inspirierende Person für mich. Wir hatten großen Spaß, als wir in den Ferien bei ihr in Sandringham, Balmoral und Windsor waren, und wir hatten das unglaubliche Glück, einen großen Teil unserer Kindheit mit ihr teilen zu können. Es gab eine Menge Platz für Kinder zum Herumtollen, und es waren nicht nur wir, sondern auch die Wales [William und Harry], Freddie und Ella Windsor und die Gloucesters", erinnert er sich.

Peter und seine Frau Autumn schenken der Königin und dem Herzog 2010 das erste Urenkelkind, Savannah; 2012 kommt dann ihre Schwester Isla zur Welt. Obwohl nicht offiziell bestätigt, wird die Wahl von Elizabeth als Islas zweitem Vornamen im Jahr des diamantenen Thronjubiläums der Queen als diskrete Hommage an die „Granny" gesehen. Peters jüngere Schwester, Zara Tindall, ist die Mutter der Lieblings-Urenkelin der Queen – der süßen kleinen Mia Grace Tindall.

Das Familienleben ist für die Königin während ihrer gesamten Regentschaft eine wesentliche Stütze. Wie viele Matriarchen versammelt sie zu Weihnachten gerne ihre Großfamilie um sich und zeigt sich mit ihr nach der Kirche in der Nähe des königlichen Anwesens Sandringham in Norfolk beim üblichen Weihnachtsspaziergang.

Wie auf diesen Bildern zu sehen, genießt die neue Generation die Gesellschaft der Großmutter und nimmt gerne an öffentlichen Veranstaltungen teil. Dass die Bindung zwischen den Generationen sehr stark ist, steht dabei völlig außer Frage. Das wird auch nach dem Tod von Diana auf ergreifende Weise offensichtlich, als die Königin darauf besteht, in Balmoral zu bleiben, um bei ihren Enkeln zu sein, die ihre erste Sorge waren. ✳

FOTO: YOUSUF KARSH/CAMERA PRESS/PICTURE PRESS/DDP

*Die ersten vier von insgesamt acht Enkelkindern (von links nach rechts): Prinz William, geboren 1982, Prinz Harry, geboren 1984 (vorne), Peter Phillips, geboren 1977 (hinten), und Zara Phillips, geboren 1981.*

*Oben: Die Queen mit William und Harry 1987 in der Royal Box im Guards Polo Club in Windsor; die pferdebegeisterte Königin führt ihre Enkel in den edlen Polosport ein. Und das mit Erfolg, beide Prinzen haben seit Jahren eine Leidenschaft für Polo, sind Stammgäste auf dem Polofeld und bestreiten sogar Turniere. Unten: Die Wales-Familie sowie die Kinder von Prinzessin Anne, Zara und Peter Phillips, besichtigen zusammen mit Queen Elizabeth 1988 ein restauriertes altes Feuerwehrauto. 1988 ist übrigens das Jahr, in dem Prinz Charles ein schweres Lawinenunglück, bei dem ein enger Freund stirbt, überlebt und sich Diana und Charles nach diesem für ihn so schmerzhaften Erlebnis kurzfristig wieder annähern.*

*Oben: Die Leidenschaft der Queen für Pferde ist grenzenlos und wird von ihrer Familie geteilt. So zum Beispiel besuchen die jungen Eltern Sarah, Herzogin von York, und Prinz Andrew mit ihrer Tochter Prinzessin Beatrice im Mai 1991 die Royal Windsor Horse Show in Berkshire. Unten: Ein trauriger Anlass – die königlichen Großeltern mit ihren Enkelinnen Beatrice und Eugenie 1998 auf dem Weg zu einem Gedenkgottesdienst für Diana, Prinzessin von Wales. Beatrice und Eugenie haben ihre Großmutter schon bei mehreren Gelegenheiten in den allerhöchsten Tönen gelobt, werden aber häufiger mit ihrem Großvater, Prinz Philip, zum Beispiel beim Jubeln am Derby Day gesehen.*

Oben links: Drei Generationen Rei-
terinnen – die Königin auf ihrem
selbst gezüchteten Pferd Tinkerbell,
Prinzessin Anne (rechts) auf Peter
Pan und Zara Phillips auf Tiger
Lily im Windsor Great Park. Die
britische Königin ist gerade 78
geworden. Auch heute noch mit 95
steigt sie in den Sattel. Oben rechts:
Vier Generationen treffen bei der
Taufe von Prinzessin Charlotte
im Jahr 2015 zusammen. Rechts:
Prinz William und Herzogin Kate,
Peter Phillips und seine Frau
Autumn mit ihren Kindern beim
Trooping the Colour Flypast im
Juni 2017. Seit 1748 markiert
Trooping the Colour auch den
offiziellen Geburtstag des britischen
Souveräns. Es findet jährlich am
zweiten Samstag im Juni in London
bei der Horse Guards Parade im
St. James's Park statt.

*Die Königin sieht sich ein Feuerwerk zu ihrem 80. Geburtstag an, während (von links nach rechts) Prinz William, Peter Phillips, Lady Sarah Chatto, Zara Phillips und Prinz Harry den Spaß mit ihr teilen. Lady Sarah Chatto, Prinzessin Margarets einzige Tochter, ist übrigens eine eher stille Größe in der britischen Königsfamilie. Als Patentante, Nichte und Vertraute ist die Malerin zwar überaus beliebt, doch die Öffentlichkeit nimmt kaum Notiz von ihr. Seit 1994 ist die zweifache Mutter mit dem britischen Künstler und ehemaligen Schauspieler Daniel Chatto verheiratet.*

# EINMAL PRINZESSIN SEIN

Ein verlorener Strauß, eine zerbrochene Tiara, ein frecher
Page, der seine Zunge herausstreckt, ein zu langsames Liebeslied…
Die meisten Antworten zu unserem Quiz sind auf den
Seiten dieses Magazins zu finden

1 Prinzessin Elizabeth traf Leutnant Philip Mountbatten 1934 auf einer Hochzeit. Wessen Hochzeit war es?

2 Als sich Prinzessin Elizabeth und Leutnant Philip Mountbatten verlobten, liebten sie es, zu einem Lied namens „People Will Say We're in Love" zu tanzen. Aus welchem Musical stammt es?

3 Prinzessin Elizabeths Hochzeitskleid wurde von dem legendären Designer Norman Hartnell entworfen. Was war das Besondere an der Beschaffung des Materials für das Kleid?

4 Welches kleine Missgeschick passierte am Hochzeitstag der Queen und Philip Mountbattens?

5 Es gab ein weiteres Missgeschick, mit dem Strauß Ihrer Majestät, der verschwunden war. Was war mit ihm geschehen?

6 Wie viele Gäste waren zur Zeremonie eingeladen und wie viele Menschen haben der von der BBC übertragenen Liveschaltung weltweit beigewohnt?

7 Was war ungewöhnlich an Leutnant Mountbattens Junggesellenabschied?

**15** Am 9. April 2005 heiratete Prinz Charles Camilla Parker Bowles. Was ist ungewöhnlich an Prinz Charles' Ehering?

**16** Welchen bescheidenen und einfachen Modetrend griff Lady Elizabeth Bowes-Lyon an ihrem Hochzeitstag am 26. April 1923 mit Prinz Albert auf?

**17** Auf wessen Hochzeit gab Prinz George am 20. Mai 2017 sein Debüt als Page an der Seite seiner Blumenmädchen-Schwester Prinzessin Charlotte?

**8** Als Sarah Ferguson am 23. Juli 1986 Prinz Andrew heiratete: Welcher Patzer unterlief ihr, als sie ihre Gelübde austauschten?

**9** Fünf Jahre zuvor machte eine andere errötende Braut einen ähnlichen Fehler, als sie die Reihenfolge der Namen ihres Prinzengatten umkehrte. Wer war sie?

**10** Wer waren die Pagen bei der Hochzeit von Sarah Ferguson und Prinz Andrew und was trugen sie Außergewöhnliches?

**11** Wer wurde von den Buchmachern als „safe pair of hands" bei der Hochzeit von Prinz William und Kate Middleton gesehen?

**12** Ellie Goulding sang auf dem Hochzeitsempfang von Prinz William und Kate, als der Bräutigam sie nach ein paar Takten bat, das Tempo des Liedes zu erhöhen. Welches Lied hatte sie angefangen zu singen?

**13** Wer von den folgenden Personen war kein Gast bei der Hochzeit von Prinz William und Kate Middleton – Sir Richard Branson, Ben Fogle oder Stephen Fry?

**14** Welcher königliche 9-Jährige war der Page bei der Hochzeit von Prinzessin Anne mit Mark Phillips am 14. November 1973?

**18** Am 16. September 1989 streckte ein frecher Page bei der Hochzeit seines Onkels, Viscount Charles Spencer Althorp, mit Victoria Lockwood den Fotografen die Zunge heraus. Wer war er?

**19** König Heinrich VIII. war mit sechs Frauen verheiratet. Eine starb, eine überlebte ihn, zwei ließen sich scheiden, zwei wurden enthauptet. Welche Frau starb, welche überlebte, wer ließ sich scheiden, wer wurde enthauptet?

**20** Wer war Trauzeuge bei der Hochzeit von Prinz Harry, als er Meghan Markle geheiratet hat?

**Auflösung: 1.** Die Hochzeit von Prinzessin Marina von Griechenland und Dänemark mit Prinz George, Duke of Kent. **2.** „Oklahoma!" **3.** Es war kurz nach dem Krieg, und die Rationierung war in Großbritannien immer noch in Kraft, sodass Prinzessin Elizabeth Rationsgutscheine verwenden musste, um das Material zu erhalten. **4.** Auf dem Weg zur Zeremonie zerbrach ihr diamantenes Hochzeitsdiadem, der Hofjuwelier wurde gerufen, um es zu reparieren. **5.** Ein Mitarbeiter erinnerte sich, dass er es an einen kühlen Ort gelegt hatte, um es frisch zu halten. **6.** 2000 Gäste vor Ort und 200 Millionen Zuschauer weltweit. **7.** Er hatte zwei Junggesellenabschiede in der Nacht vor der Hochzeit – den ersten im „The Dorchester", zu dem zweiten mit seinen engsten Freunden im „Belfry Club". **8.** Sie sagte seinen dritten Vornamen, Christian, zweimal. **9.** Diana, Prinzessin von Wales, am 29. Juli 1981, als sie versehentlich die Reihenfolge von Charles' ersten beiden Namen umkehrte. „Philip Charles Arthur George" sagte. **10.** Prinz William und Peter Phillips, und sie trugen Matrosenanzüge. **11.** Die Buchmacher schenkten Prinz Harry ihr volles Vertrauen und boten Quoten von bis zu 100/1, dass er den Ring fallen lässt. **12.** „Your Song" von Elton John. **13.** Stephen Fry. **14.** Prinz Edward. **15.** Er trägt ihn am kleinen Finger seiner linken Hand. **16.** Sie trug kein Diadem, sondern hielt ihren Schleier mit einem Myrtenkranz fest. **17.** Es war die Hochzeit der Schwester der Herzogin von Cambridge, Pippa Middleton, mit James Matthews. **18.** Prinz Harry. **19.** Katharina von Aragon, geschieden; Anne Boleyn, geköpft; Jane Seymour, gestorben; Anne von Kleve, geschieden; Catherine Howard, geköpft; Catherine Parr, überlebt. **20.** Harrys Bruder William.

# SICH ABHEBEN UND TROTZDEM EINFÜGEN

Angela Kelly kommt 1994 als eine der königlichen Kleidermacherinnen an den Hof Ihrer Majestät. Zwei Jahre später bietet man ihr die Leitung der Kleiderwerkstatt an. Sie ist persönliche Assistentin, Beraterin und Verwalterin der Garderobe der Queen. Hier gewährt sie uns einen Einblick in ihre Arbeit

Text: Angela Kelly

Manche Modeschöpfer denken sich einen Schnitt im Kopf aus, bannen ihre Vorstellung mit einer Skizze auf Papier, und voilà, fertig ist die „Kreation". Andere beziehen ihre Inspiration aus dem Betrachten und Befühlen der Stoffe. Auch ich brauche den Kontakt zum Material.

Ich freue mich auf die ruhigen Momente – oft am Ende des Tages –, in denen ich mich in den Materialraum zurückziehen kann, wo ich mit den Stoffen spiele, meiner Fantasie freien Lauf lasse und spüre, wie sich alles wie von selbst zu einer Kreation zusammenfügt.

Bei weichen, leichten Materialien achte ich auf viel Bewegung und schaue, ob der Stoff graziös und elegant fällt. Manchmal schalte ich sogar einen Ventilator ein, nur um zu sehen, wie sich schwerelose, fließende Materialien wie Chiffon, Organza, Seide oder Crêpe de Chine im Luftzug verhalten.

Normalerweise versuche ich, für einen Stoff mindestens vier verschiedene Modelle zu entwerfen, damit die Queen eine Auswahl hat. Doch wenn mich ein Stoff richtig begeistert, sprudle ich nur so vor Ideen. Dabei darf ich jedoch nie aus den Augen verlieren, dass Ihre Majestät ständig im Blickpunkt der Öffentlichkeit steht und jedes Kleid anders aussehen muss. Die Garderobe der Königin ist nicht nur äußerst umfangreich,

sondern wird auch weltweit beachtet. Sie weist eine ungeheure Bandbreite auf, vom schlichten, eleganten Tageskleid bis zur offiziellen, aufwendig gearbeiteten Staatsrobe.

Die Queen hat ein außergewöhnliches Gespür für Kleidung und Mode und weiß sehr gut, was ihr steht und was sich für einen bestimmten Anlass eignet. Wir gehen die Entwürfe gemeinsam durch und achten dabei vor allem auf Eleganz und Stilsicherheit. Außerdem haben wir verschiedene Skizzen mit angehefteten Stoffproben vorbereitet, damit die Königin eine bessere Vorstellung von einem Entwurf bekommt.

Nach dem ersten Gespräch über einen Entwurf notiere ich mir die Wünsche der Königin, ihre Verbesserungs- und Änderungsvorschläge. Dann lege ich die Ausführung endgültig fest und erstelle eine technische Zeichnung mit dem Schnittmuster. Der Schnitt erfordert großes Geschick, technisches Verständnis und Einfühlungsvermögen. Meine Mitarbeiterinnen haben hierin viel Erfahrung. Sie kennen sich mit den Proportionen des menschlichen Körpers aus und wissen um das spezifische Verhalten verschiedener Stoffe und die Erfordernisse des jeweiligen Entwurfs. Anschließend bespreche ich Schnitt und Material mit den Schneiderinnen, damit sie das Kleid für die Anprobe fertigstellen können.

Am 20. Februar 2018 besucht die Queen zum ersten Mal in ihrem Leben die Londoner Fashion Week und trifft dort auf die Königin der Mode, die Chefredakteurin der US-amerikanischen „Vogue" Anna Wintour.

Bei großen Ereignissen darf die Garderobe ruhig glitzern und funkeln. Und wie jeder Designer weiß, können Perlen, Pailletten und Kristallsteine ein eigentlich unauffälliges Gewebe in ein überaus kostbar erscheinendes Material verwandeln. Auf den königlichen Reisen nutze ich daher jede Gelegenheit, hochwertige, regional gefertigte Stoffe und funkelnde Accessoires zu erwerben. Hin und wieder verwenden wir Material, das bereits mit Perlen bestickt ist, wobei hier alles gut geplant sein muss, da der Zuschnitt perlenbesetzter Stoffe ein Albtraum sein kann. Mit einem Hämmerchen zerstoßen wir die Perlen entlang der Nahtlinien, insbesondere entlang der Säume, damit wir mit der Maschine anschließend ausreichend Platz zum Nähen haben. Große Perlen mögen eine dramatische Wirkung haben, doch sie können sehr unbequem für die Trägerin sein, zumal wenn sie darauf sitzt.

Wir geben den Kleidern der Königin gern Namen. Dabei haben wir viel Spaß, doch erleichtern sie uns auch die Arbeit – jeder von uns weiß immer gleich, welches Ensemble gemeint ist. Wenn wir die Garderobe anhand des königlichen Terminkalenders zusammenstellen, schauen wir stets nach, was die Königin wann und wo schon einmal getragen hat. Trug Ihre Majestät beispielsweise bei ihrem letzten Besuch in Südengland Rot, verzichten wir beim nächsten Mal auf diese Farbe – selbst wenn es sich um ein völlig anderes Kleid handelt. Die Farbe hinterlässt immer den stärksten Eindruck – vor allem im Fernsehen –, daher könnte das Ensemble einfach zu ähnlich wirken. Damit wir nicht den Überblick verlieren, führen alle Kleidermacherinnen ein eigenes Garderoben-Tagebuch, in dem sie die Details zu jedem Ensemble und den Anlass notieren, bei dem es getragen wurde. Dazu denken wir uns die passenden Namen aus, bei denen wir unserer Fantasie freien Lauf lassen. Jede Kleidermacherin legt ihre eigenen, handschriftlichen Aufzeichnungen an. So kann nichts verloren gehen, selbst wenn einmal ein Tagebuch abhandenkommt oder beschädigt wird. Meine Stellvertreterin Kate und die Mannschaft vergleichen ihre Aufzeichnungen immer wieder und können stets genau sagen, welche Kleidungsstücke und Farben zu welchem Anlass getragen wurden. So vermeiden wir Wiederholungen. In den Garderoben-Tagebüchern wird auch der Schmuck notiert, den die Queen trägt – angesichts der sehr umfangreichen Schmucksammlung hilft uns das sehr, auch hier den Überblick zu behalten.

*Die Farbe ist eines der Schlüssel-kriterien für die Auswahl von Stoffen. Es ist sehr wichtig, dass die gewählte Farbe sowohl Ihrer Majestät steht als auch dem Anlass angemessen ist. Kräftige Farben eignen sich für Veranstaltungen bei Tageslicht und sorgen dafür, dass sich die Queen bei ihrem öffentlichen Auftritt aus der Menge heraushebt. In Innenräumen muss man bei abnehmendem Licht oder bei Kerzenschein die Wirkung der Lichtverhältnisse auf Farbe und Struktur des Stoffes berücksichtigen. Der Grundsatz lautet: Die Queen soll jederzeit eine gute Figur machen – aber: Sie soll sich mit der gewählten Farbe und dem Material ihrer Garderobe auch wohlfühlen, egal wo sie ist und was sie zu tun hat.*

Wenn Sie noch mehr von Angela Kelly erfahren, einen Blick in die königlichen Ateliers im Buckingham Palace werfen und am Entstehungs-prozess der könig-lichen Garderobe teilhaben wollen, empfehlen wir Ih-nen dieses wunder-schön gestaltete Buch: „Das trägt die Queen", Elizabeth Sandmann Verlag, 144 S., 14,95 €

Wenn ich für die Queen einen Hut entwerfe, berücksichtige ich natürlich Stil und Farbe der Kleidung. Zeigt sich die Queen während eines Rundgangs, sind darüber hinaus auch die Höhe der Hutkrone und die Breite der Krempe von Bedeutung. Da die Menschen von weit her anreisen in der Hoffnung, einen Blick auf die Königin zu erhaschen, ist einmal mehr die Sichtbarkeit ein wichtiger Faktor. Zu solchen Gelegenheiten trägt die Queen daher einen Hut mit relativ hoher Krone, um besser gesehen zu werden.

Bei den von uns verwendeten Materialien handelt es sich meist um Pflanzenfasern. Sinamay zum Beispiel stammt von einer Bananenpflanze, die auf den Philippinen wächst. Unbehandelt fühlt sich die raue Faser wie ein dicker Grashalm an. Bei der Verarbeitung aber werden die Fasern zerteilt und dadurch so fein, dass man sie wie Garn weben kann. Sinamay ist ein ideales Material für Hüte, es ist leicht und luftdurchlässig, kann hervorragend in Form gebracht und gebogen werden, selbst zu Schleifen und Kreisen. Außerdem lässt es sich versteifen und wunderbar färben, sodass es zu jedem Ensemble passt. Bevor die Hutmacher die vielfältigen Verwendungsmöglichkeiten von Sinamay entdeckten, wurde es hauptsächlich zum Blumenbinden verwendet.

*Ihre Majestät Königin Elizabeth II. gibt am 3. Dezember 2019 in London im Buckingham Palace einen Empfang anlässlich des 70-jährigen Bestehens der NATO-Allianz.*

*Viele Kleider der Queen werden eigens für spezielle Anlässe entworfen. Zum Beispiel für Staatsbesuche Ihrer Königlichen Hoheit und Seiner Königlichen Hoheit, des Herzogs von Edinburgh, im Ausland oder für Empfänge für Mitglieder anderer Königshäuser und Staatsoberhäupter bei der Königin. Die Queen stellt gern auch mit ihrer Garderobe einen Bezug zu ihren Gastgebern oder Gästen her, weshalb in der Vorbereitung solcher Ereignisse die Königin und ich gemeinsam die Entwürfe besprechen und versuchen, einen zur Kultur des entsprechenden Landes passenden Stil zu finden.*

Für die Anprobe mit der Queen ist oft ein halber Tag anberaumt, manchmal, wenn lediglich ein oder zwei wichtige Ensembles vorzustellen sind, auch eine kürzere Sitzung am Vormittag. Um die Zeit Ihrer Majestät optimal zu nutzen, bemühe ich mich aber meist darum, dass zu einem Termin mindestens vier oder fünf Kleidungsstücke vorliegen. Die jeweils zuständige Schneiderin steht mit ihrem Handwerkszeug bereit: einem Messstab aus Holz, einer kleinen Schere, einem Maßband, einem Nadelkissen oder Stecknadeldöschen und Schneiderkreide. Die Anprobe ist eine sehr private Angelegenheit, bei der nur meine Mitarbeiterinnen zugegen sind – mit Ausnahme von ein oder zwei Corgis, den Lieblingshunden der Königin, die immer gern alles im Blick haben.

Und jetzt bitte das Magazin umdrehen, um in die aufregende
Welt der Kult-Serie „The Crown" einzutauchen…

THE
CROWN